JN245480

今日からはじめる!

文・構成 菅原嘉子

監修 タツナミシュウイチ

東京大学院情報学環客員研究員／
常葉大学造形学部客員教授／
マイクロソフト認定教育イノベーターFELLOW／
Minecraft Education Global Mentor

協力 Minecraftカップ運営委員会

はじめに（おうちの方へ）

Minecraftのまちづくりの世界へようこそ！

Minecraftといえば、「いろんな冒険ができる」というイメージでしょうか？　それとも、「たくさんの建物がつくれる」とか？　Minecraftの楽しさは、それだけではありません。みなさんが「住んでみたい！」、「見ているだけでワクワクしそう！」と思えるような「まち」をつくれることも、Minecraftの魅力のひとつなのです。

本書では、３タイプのまちづくりについて、建物の建て方を中心に紹介しています。初心者であっても、建物をいくつもつくってきた人でも、本書の説明を見ながら取り組めば、理想のまちづくりができるコツをつかむことができます。

最初のうちは、本書のまちづくりをまねするだけでかまいません。そのうちに、まちづくりに必要な技術が自然と身につきます。あとはその技術を活かして、みなさんオリジナルのまちをつくってみましょう。そして、ぜひ Minecraft カップにも挑戦してみてくださいね。

監修者のことば

マイクラおじさんことタツナミシュウイチ

おばんでございます！　マイクラおじさんタツナミでございます！　1冊目の本で「家づくり・回路・コマンド」をバッチリつくれるようになったキミに次のステージを用意しました。ここまででマイクラの基礎知識をたくさんゲットした皆なら、いろいろな種類の建物に挑戦できるはず！　そして多様性あふれる建物をたくさん建てて巨大な都市を仲間たちと一緒に作っていこう！　さぁ「街づくり」に挑戦だ！！

もくじ

ミッション

「産業と技術を取り入れた近未来のまち」をつくろう！

ミッション 1

産業と技術を取り入れた近未来のまち

近い未来のまちは、どんなふうになっているのかな？
そんなイメージをふくらませて、カッコいいまちをつくろう！

マイクラおじさん
タツナミシュウイチから一言！

SFアニメや映画を思い出しながら作るといいかも…!?

マイクラには木材のような住宅に合うブロックだけではなく、ハッキリ色が判る原色のブロックやガラスのように半透明のもの、光源を持って光るブロックなど多種多様。その中からビルなどの都市建築に向くブロックを、色の種類を考えて上手に組み合わせるだけで、アニメに出てくるような未来の都市もつくる事もできるんだ。みんなが大人になる20年後の理想の街のビルたちを建築してみよう！

テナントビル
18 ページ

ゲームセンター
30 ページ

マイ うんちく 各建物についたエンドロッドの光で近未来の雰囲気を演出しているよ。

マイ うんちく　ランドマークとなる展望タワーを中心としたまちだよ。

STEP 1 近未来風建築の基本を知ろう

展望タワー

まちのランドマークとなる展望タワーで、
高層の建物のつくり方をマスターしよう。

配置図

・敷地の大きさ
幅 13 ブロック×奥行 14 ブロック
・建物の大きさ
幅 13 ブロック×奥行 14 ブロック
×高さ 42 ブロック

※配置図では目印として敷地に色をつけているが、その上にブロックを置くときは、すべて深層岩に変えておこう。

マイ うんちく 黒い建築はエンドロッドなどの光る素材と組み合わせてみよう。

① エレベーターをつくる。8 ページの配置図にある白い部分に、白色のコンクリートとはしごを 4 ブロック分重ねる。コンクリートの中のはしごの場所は写真右を参照。

② 配置図にある目印を参考にして、右の①～③の順でブロックをそれぞれ 4 つずつ重ねる。

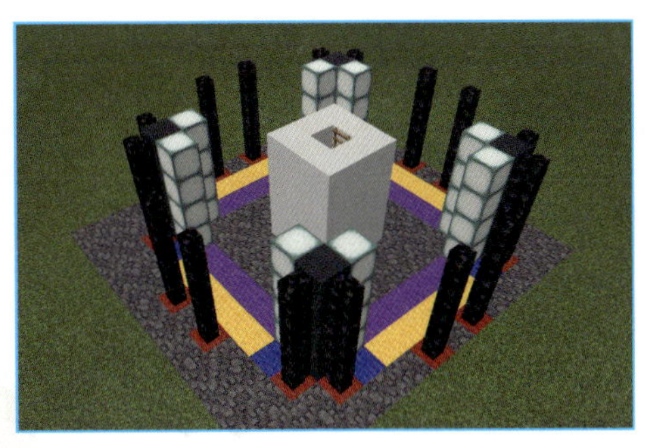

①青緑色…灰色のコンクリート
②赤色…ブラックストーンの塀
③橙色…シーランタン

③ いちばん上のシーランタンを灰色のコンクリートでつないだら、配置図にある目印を参考に、下の①～③の順でブロックをそれぞれ 4 つずつ重ねる。

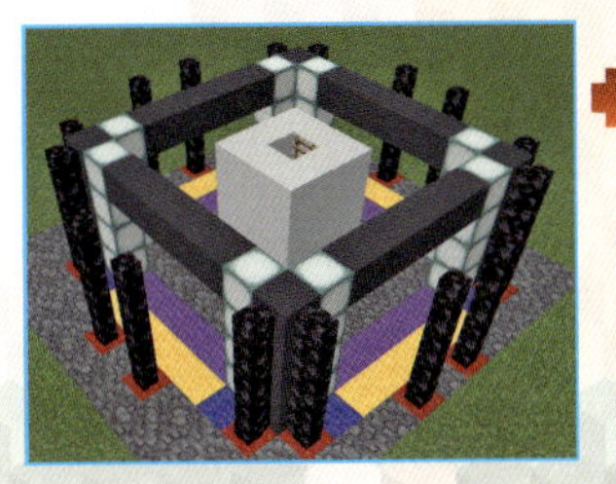

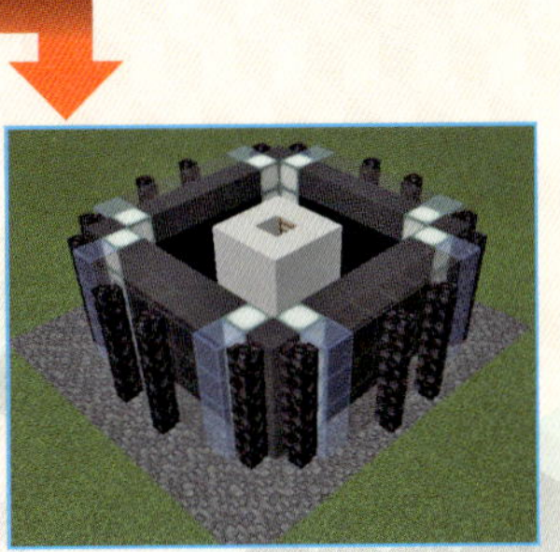

①紫色…黒色のコンクリート（3 ブロック分）
②青色…空色の色付きガラス（3 ブロック分）
③黄色…灰色の色付きガラス（4 ブロック分）

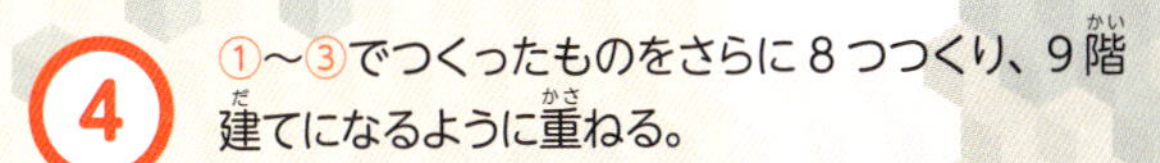

④ ①～③でつくったものをさらに 8 つつくり、9 階建てになるように重ねる。

これでタワーの本体はできあがったよ。

マイ うんちく 1 階分の建築をいくつも重ねれば、多層階の建築ができる！

5

タワーのてっぺんの四つ角にあるブラックストーンの塀に、さらに2ブロック分積み重ねたら、写真右下の①〜④の順でブロックを積む。

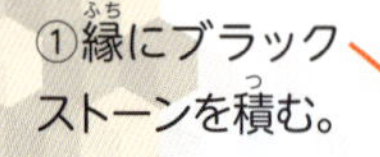

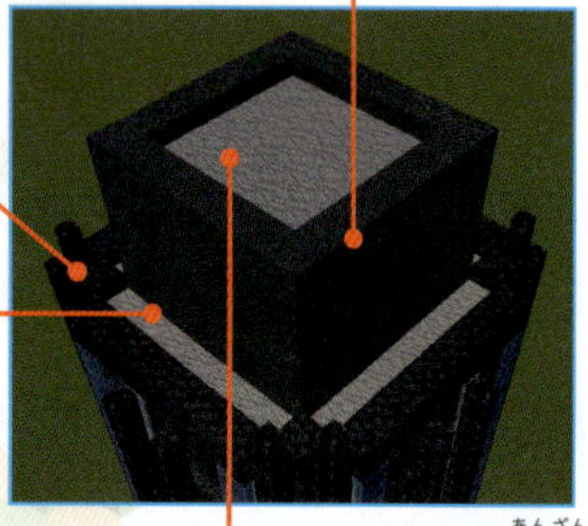

①縁にブラックストーンを積む。

②安山岩のハーフブロックを置く。

③灰色のコンクリートを5ブロック分積み上げる。

④てっぺんを安山岩のハーフブロックでふさぐ。

6

○で囲んだ部分のブラックストーンの塀に追加で5ブロック分積み重ね、中央の建物部分につなげるようにブラックストーンの塀を追加する。また、写真のようにブラックストーンの塀の上にエンドロッドを置く。

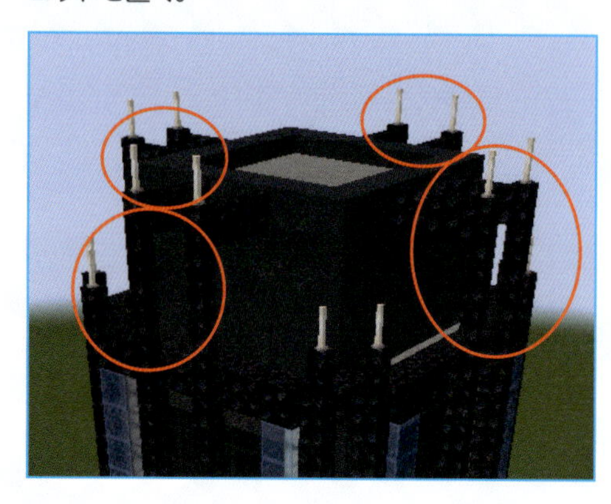

7

ビルに装飾をする（写真では桃色・白色・灰色のコンクリートを使用）。装飾部分にエンドロッドを置く。

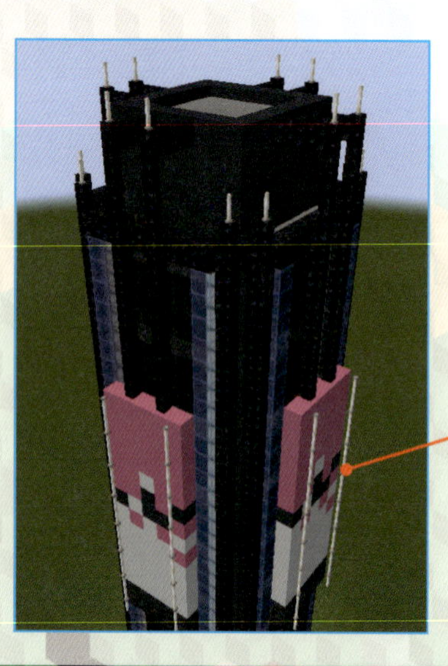

エンドロッド

マイ うんちく エンドロッドは、松明と同じ明るさ（明るさ14）の光源だよ。

8 白色と黄色で示した部分にある、灰色の色付きガラスと黒色のコンクリートをくり抜き、出入口にする。灰色の色付きガラスも一部壊し、磨かれたブラックストーンで出入口の屋根をつくる。

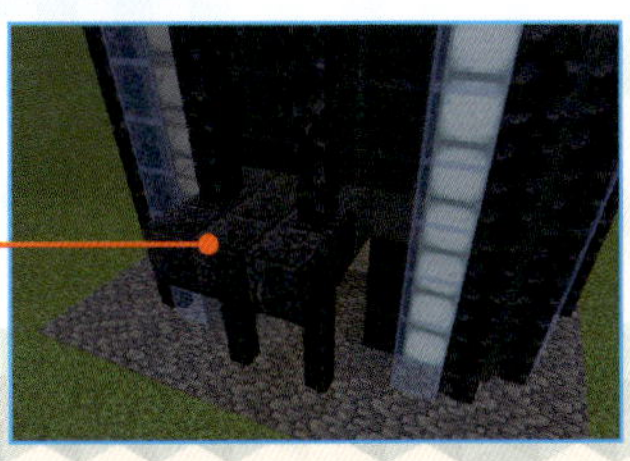

磨かれたブラックストーン

9 最上階（9階）の黒色のコンクリートをすべてくり抜き、9階内部（写真下）に灰色のコンクリートで床と天井をつくる。

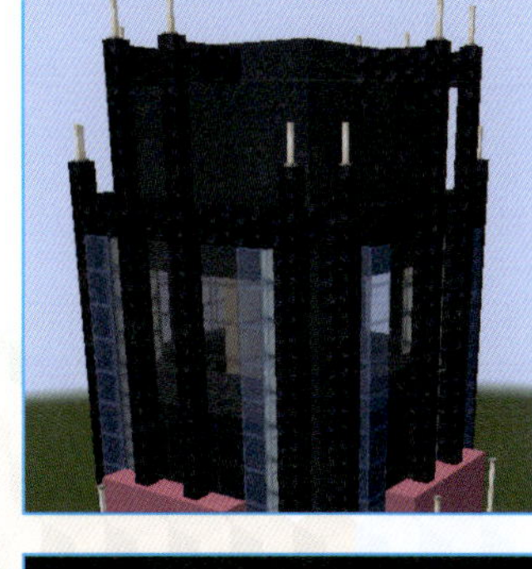

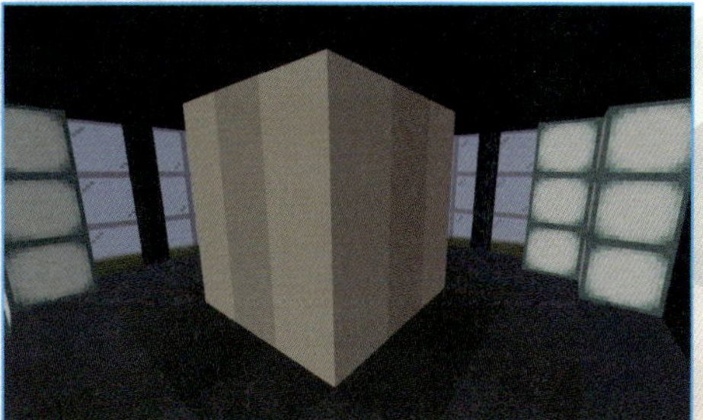

10 ダークオークのドアをつけたら、白色のコンクリートの部分を灰色のコンクリートに変え、黒色のカーペットを敷く。

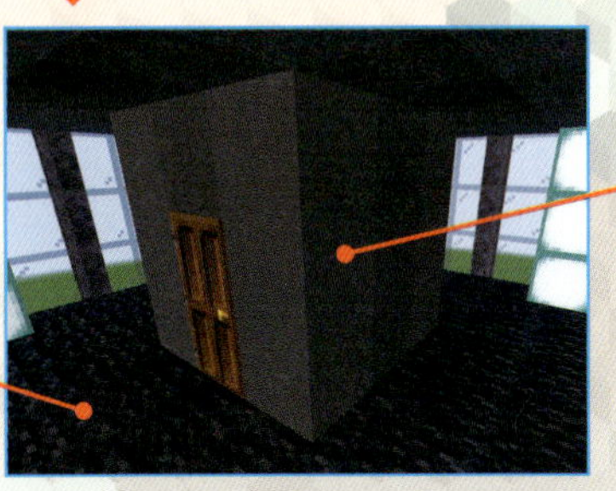

灰色のコンクリート

黒色のカーペット

マイ うんちく　多層階の建物には、エレベーターをつけよう。

STEP 2 近未来風建築をアレンジしよう

コーヒーショップ

みんながフラッと立ち寄りたいコーヒーショップにも
近未来の雰囲気をプラス！

色付きガラスで装飾した
部分は、見晴らしもよさそう！

配置図

・敷地の大きさ　幅 28 ブロック×奥行 18 ブロック
・建物の大きさ　幅 27 ブロック×奥行 17 ブロック×高さ 10 ブロック
※目印として赤色や青色にしているところは、建築時には
深層岩に変えておこう。

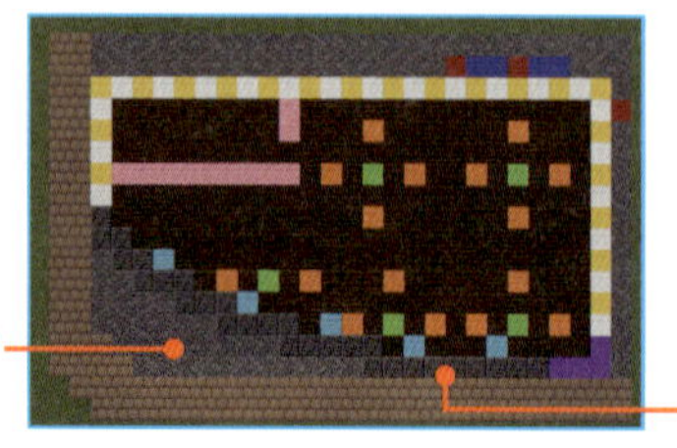

マイ うんちく　壁などの一部に曲線を入れると、ワンランク上の建築ができる！

① 12ページの配置図にある目印を参考に、下の①～③の順でブロックを重ねる。

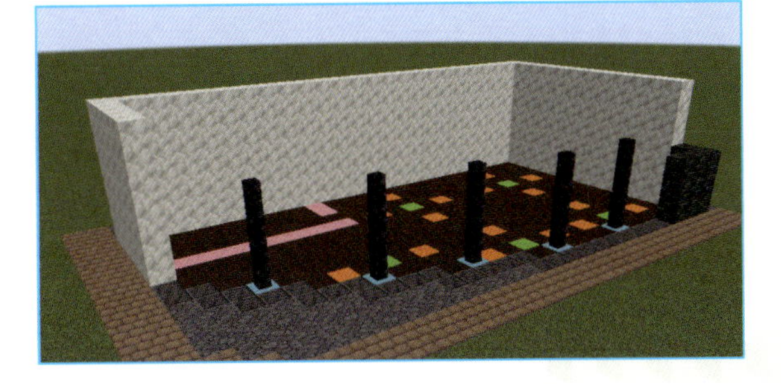

①白色と黄色…方解石（6ブロック分）
②紫色…深層岩タイル（3ブロック分）
③空色…ブラックストーンの塀（4ブロック分）

② 写真右下に示した白色と黄色の部分に、灰色のコンクリートを配置する。

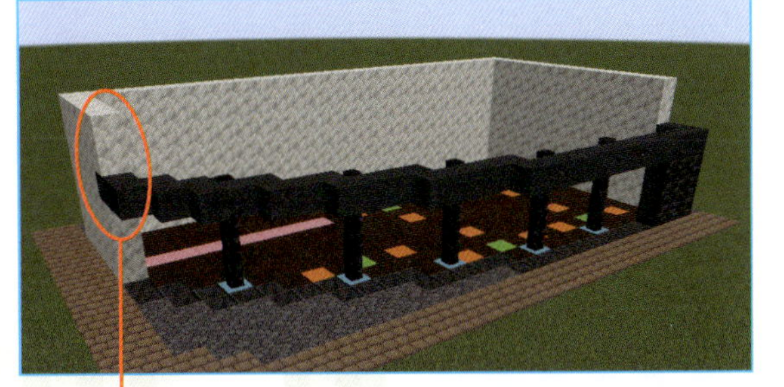

この部分は、左端の方解石の上3段を壊したうえで灰色のコンクリートを置く。

③ ②の写真の赤枠の上に、灰色のコンクリートを追加で6ブロック重ねる。灰色のコンクリートの上に黄緑色の色付きガラスを置き、さらに上から灰色のコンクリートを置く。

④ 写真右下のように、③の灰色のコンクリートの上に黄色のコンクリートと白色のコンクリートを置く。さらに上にもう一度灰色のコンクリートを置く。

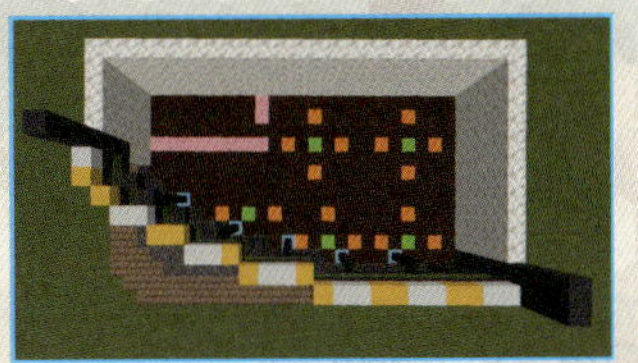

マイ うんちく お客さんがくつろげるよう、建物内の空間を広くしよう。

5 ④の上に黄緑色の色付きガラスを重ねて置き、さらにその上に灰色のコンクリートを置く。

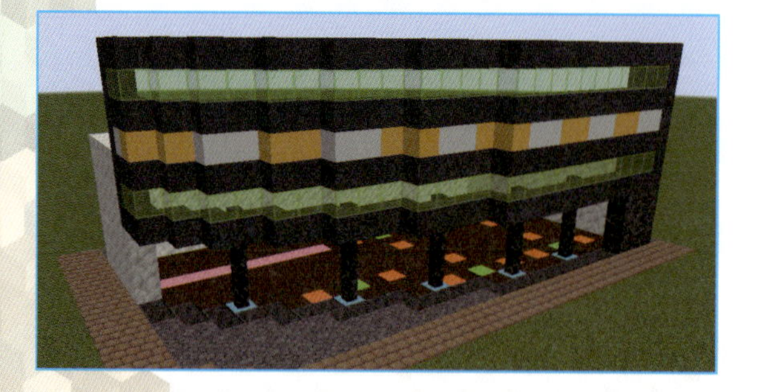

6 下側の黄緑色の色付きガラスの裏側に、白色のコンクリートを置く。

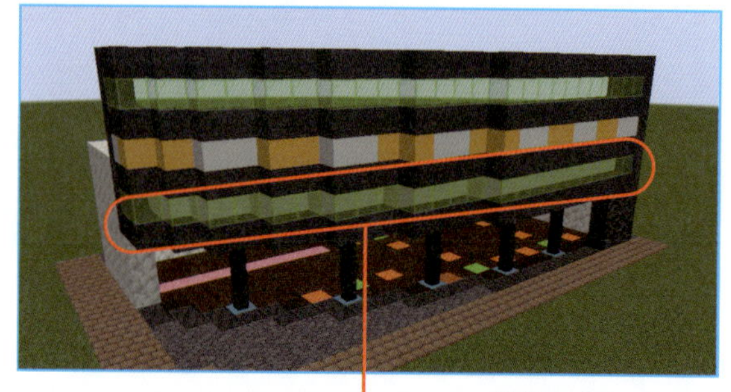

7 閃緑岩で天井をつくり、その上から深層岩の丸石のハーフブロックを敷き、屋上をつくる。屋上には滑らかな石を4つ配置する。

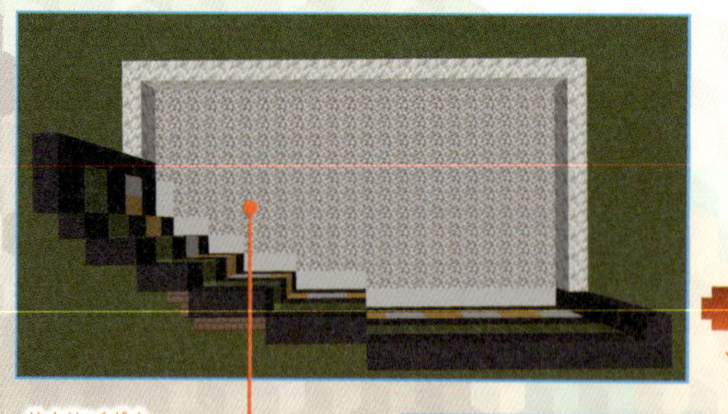

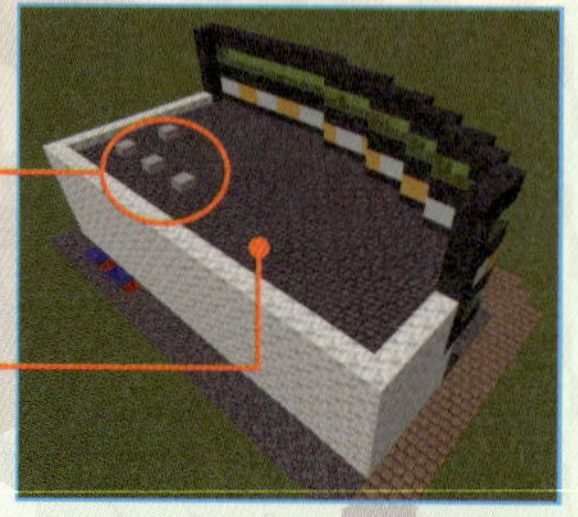

8 12ページの配置図の内側にある磨かれた深層岩の上に、灰色の色付きガラス板を3ブロック分ずつ積み上げる。

マイ うんちく 屋上にある操作室などを滑らかな石で表現しているよ。

9 黄色の部分を壊し、出入口をつくる。

10 石のボタンを置き、旗とエンドロッドで装飾する。

11 黄緑色の色付きガラスの裏側に白色のコンクリートを置き、黄色のコンクリートと白色のコンクリートの下に、磨かれたブラックストーンを並べる。

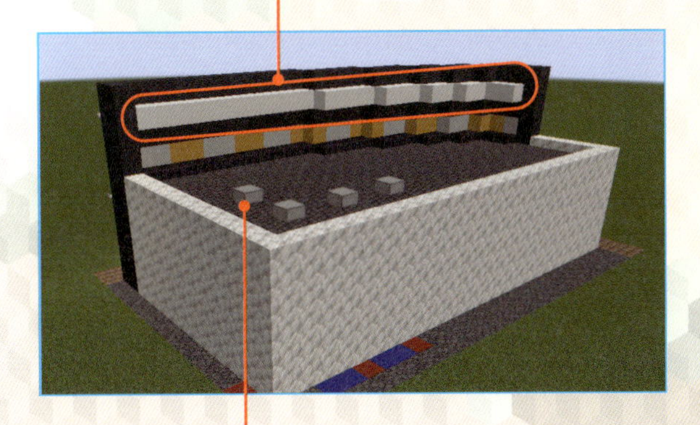

12 黄色のコンクリートと白色のコンクリーとのところを等間隔に区切るように、ブラックストーンの塀を置く。

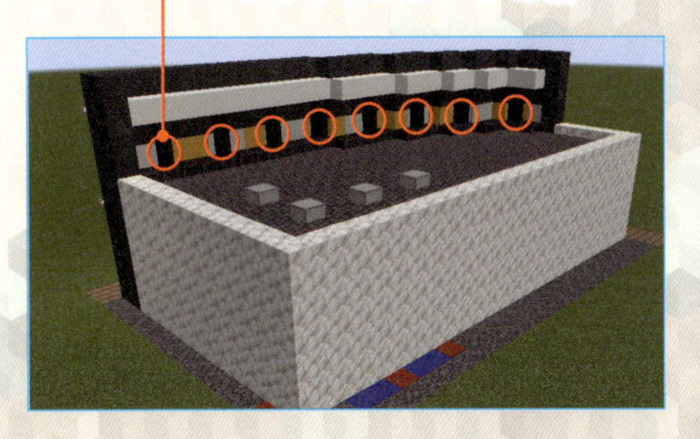

マイ うんちく 正面からは見えない部分にもこだわることで、理想の建築ができる！

⑬ 鉄ブロック・鉄のトラップドア・はしごで室外機をつくり、12ページの配置図の青色の位置に置く。赤色の位置にはシラカバのフェンスを置く。

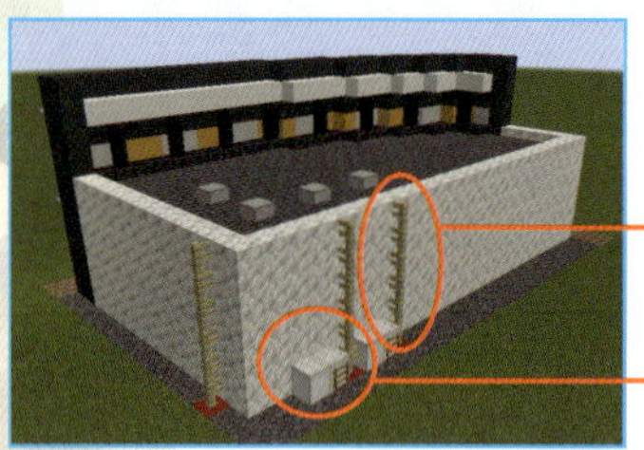

赤色の目印の部分は、室外機の設置時に深層岩に変えておく。

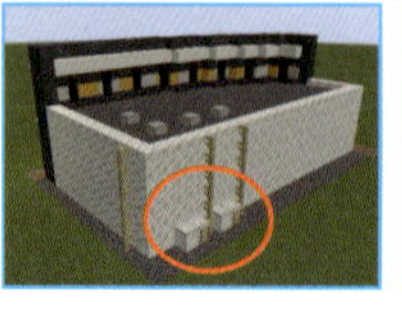

⑭ 石のボタンを壁につける。

石のボタンのつける場所の目安はこちら。

⑮ 壁の一部を壊して深層岩の丸石の塀を置き、窓のようにする。置く位置の目安は写真右下を参照。

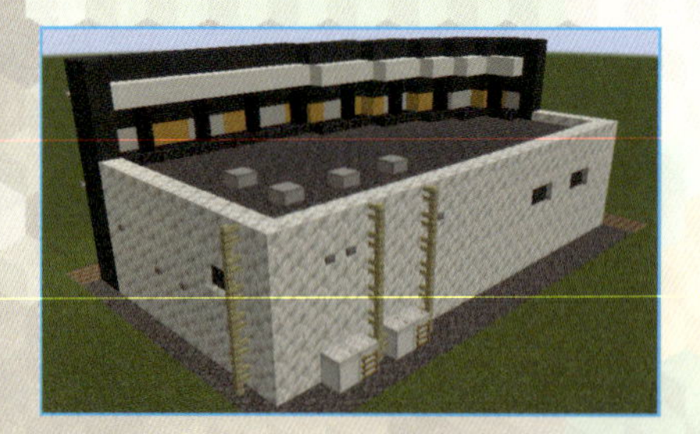

⑯ シュルカーボックスをランダムに置く。

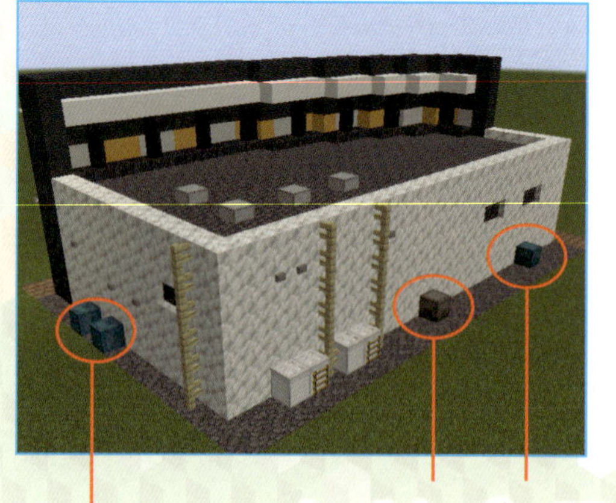

マイ うんちく 室外機やダクトなど、建物のまわりにあるものを観察してみよう。

内装

エンドロッドを
ライティングレールの
ように設置しよう。

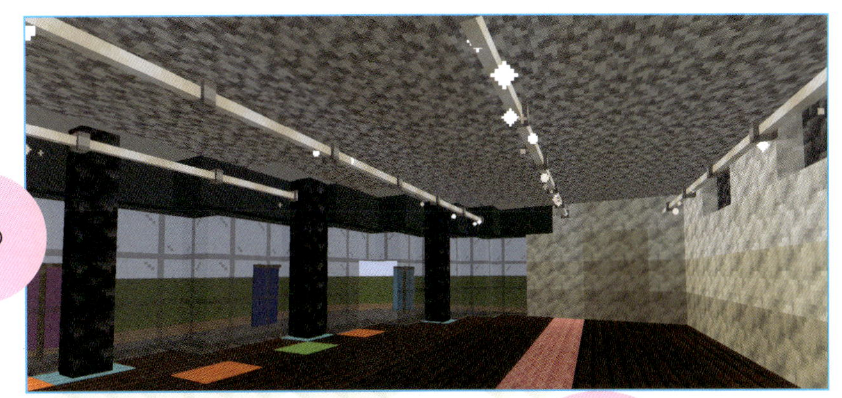

配置図の橙色の位置に、テーブルを囲むようにマングローブの階段をイスとして置くよ。

12ページの配置図の黄緑色の位置に、マングローブのフェンスとマングローブの感圧板でテーブルをつくろう。

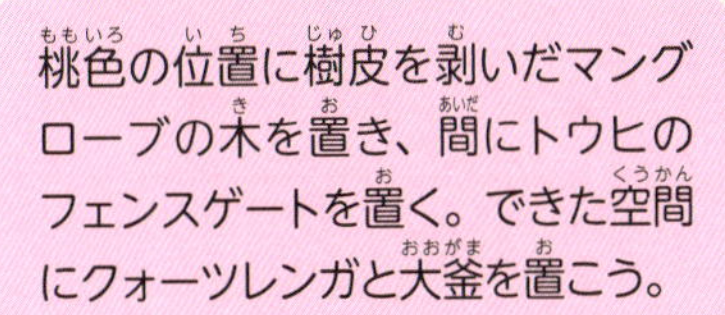

ジュークボックスと醸造台を置くと、カフェの雰囲気が出る!

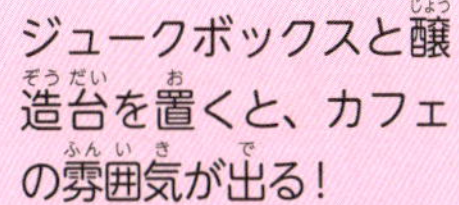

桃色の位置に樹皮を剥いだマングローブの木を置き、間にトウヒのフェンスゲートを置く。できた空間にクォーツレンガと大釜を置こう。

マイ うんちく　カフェの内装は自分の好みでアレンジしてみよう!

STEP 3 近未来風建築をアレンジしよう

テナントビル

たくさんのテナントが入っているビルをつくってみよう。
キミならどんなお店を入れるかな？

いろんな看板で、
中のお店をアピール！

配置図

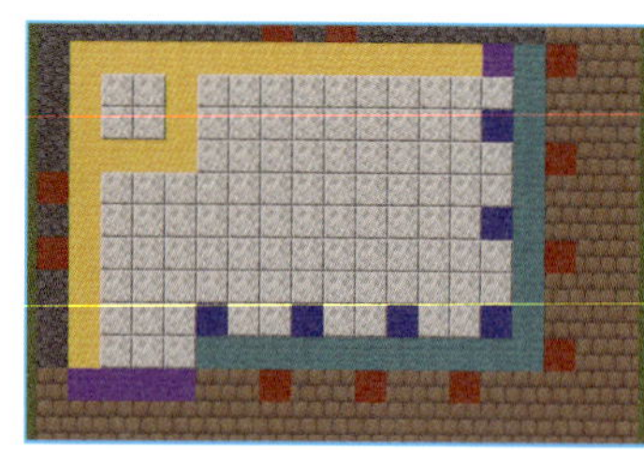

・敷地の大きさ
幅 18 ブロック×奥行 14 ブロック
・建物の大きさ
幅 18 ブロック×奥行 14 ブロック
×高さ 23 ブロック

マイ うんちく 看板にはエンドロッドをつけているよ。

①

18ページの配置図の黄色の位置に、滑らかなクォーツブロックとはしごで、高さブロックの壁とエレベーターをつくる。

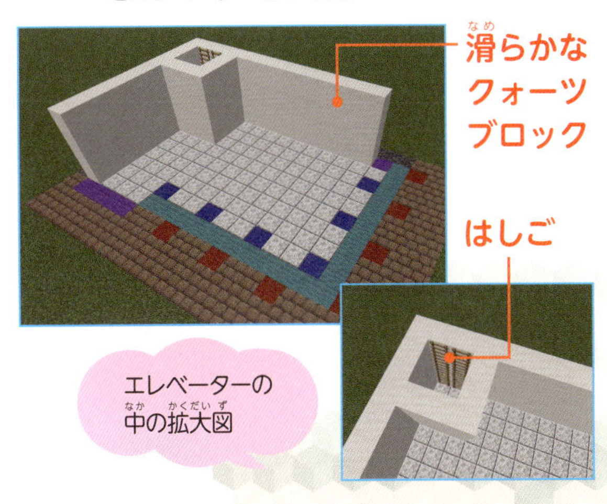

②

配置図の紫色の位置に、灰色のコンクリートを4ブロックずつ、青色の位置にブラックストーンの塀を3ブロックずつ積む。

③

②のブラックストーンの塀をつなぐように灰色のコンクリートを設置し、その上に灰色のコンクリートパウダーを置く。向かって左下の灰色のコンクリートの壁の上1段を灰色のコンクリートパウダーに変える。

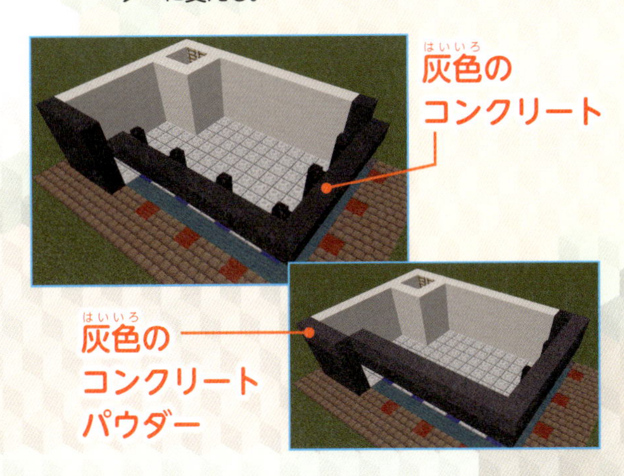

④

白色のコンクリートで天井をつくり、配置図の青緑色の位置に、青緑色の色付きガラスを2ブロックずつ積む。

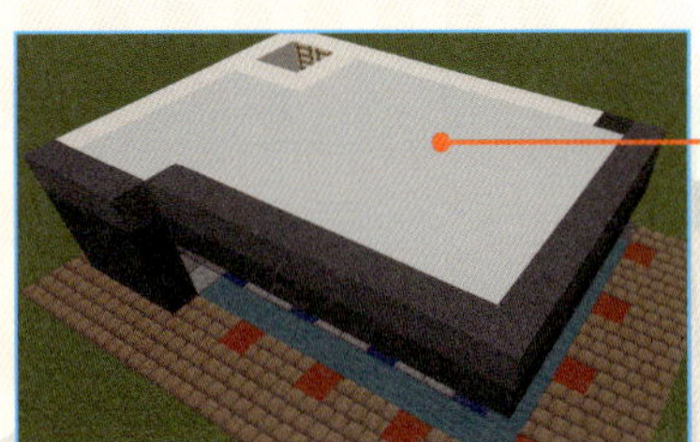

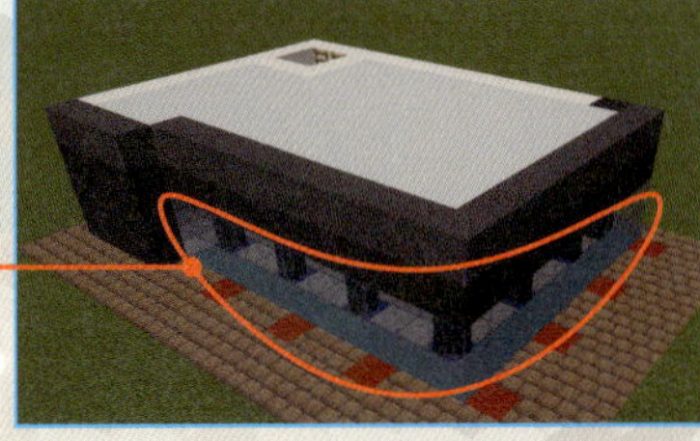

マイ うんちく スペースを広くとるために、エレベーターは端に置いたよ。

5 18ページの配置図の、後ろ側の赤色の位置に灰色の色付きガラス板を4ブロックずつ積み上げる。

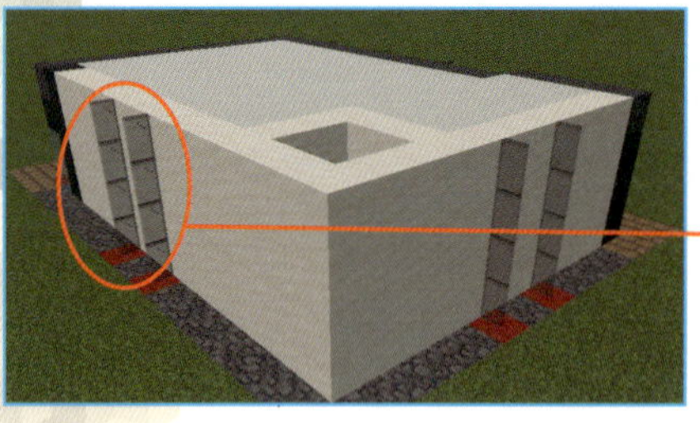

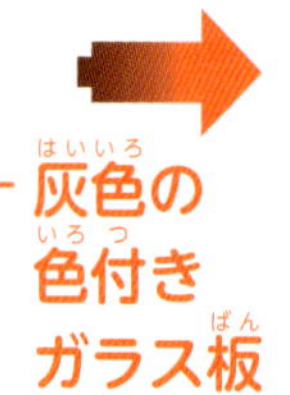

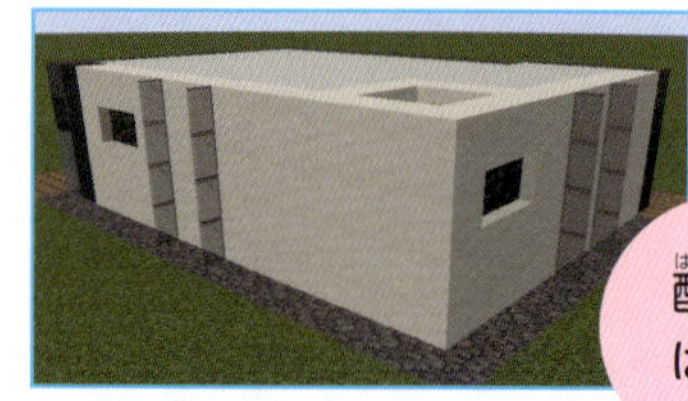

配置図の赤色にした部分は深層岩に変えておくよ。

配置図の青緑色の部分は磨かれた深層岩、赤色は泥レンガ、青色は磨かれた深層岩に変えよう。

6 3か所に石のボタンを配置する。配置場所の目安は写真右下を参照。

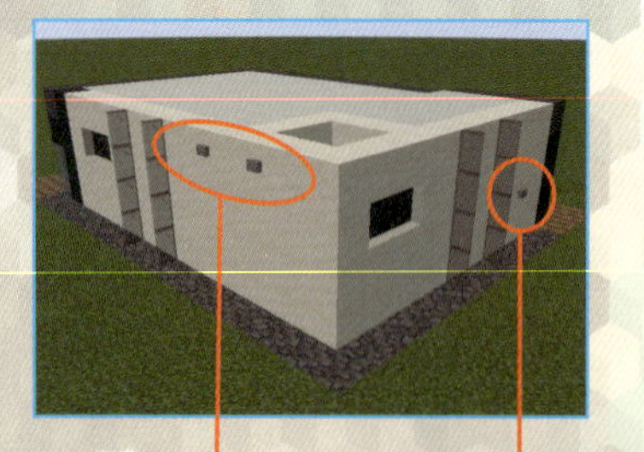

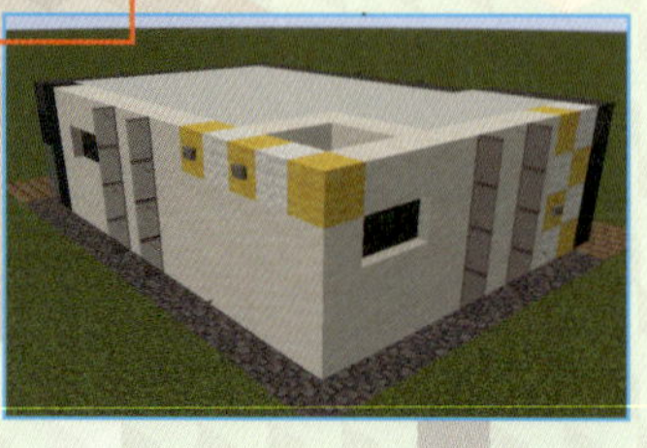

7 ①〜⑤までつくったものを、残り4階分（ぜんぶで5階分）つくって重ねる。

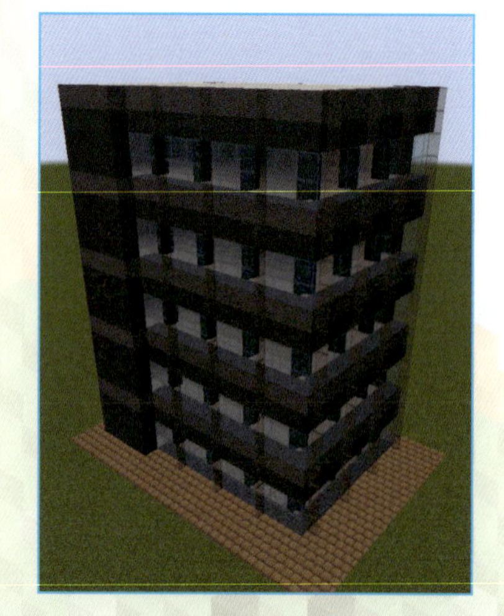

マイ うんちく 石のボタンでビルの側面にあるさまざまな出っ張りを表現しているよ。

8 屋根の上に、死んだシカツノサンゴブロックを置く。

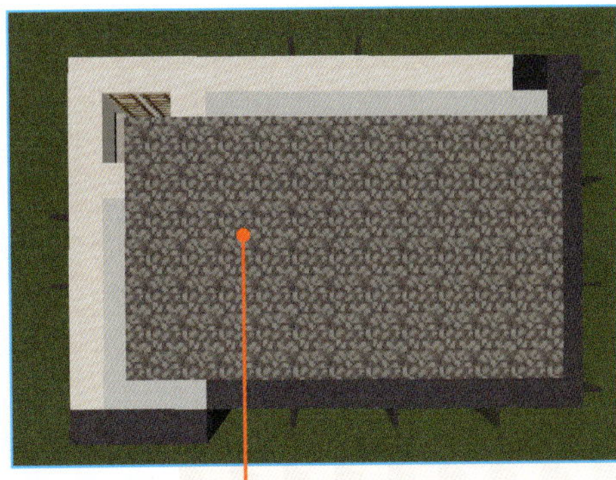

死んだシカツノサンゴブロック

配置場所の目安

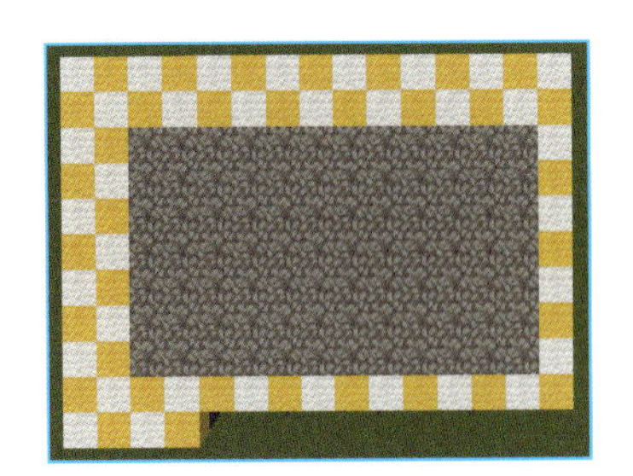

9 ⑧のまわりに、赤色のコンクリートと雪ブロックを３ブロックずつ積み上げて囲い、看板のようにする。白色のコンクリートで模様をつける。

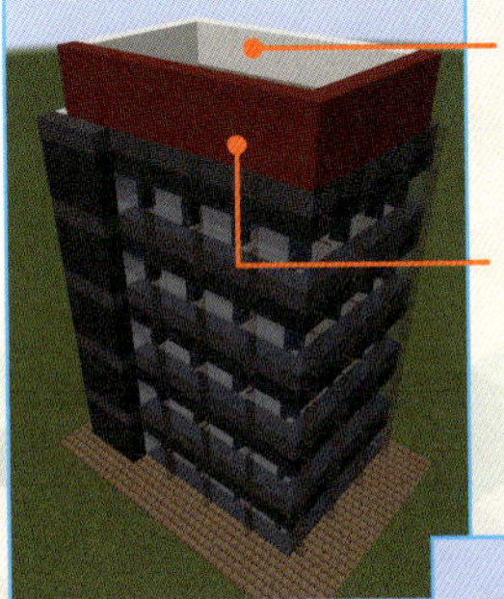

雪ブロック

赤色のコンクリート

白色のコンクリート

10 ⑨の囲みの中に、安山岩の塀をクロスさせるように配置する。くわしい配置のしかたは写真右下を参照。

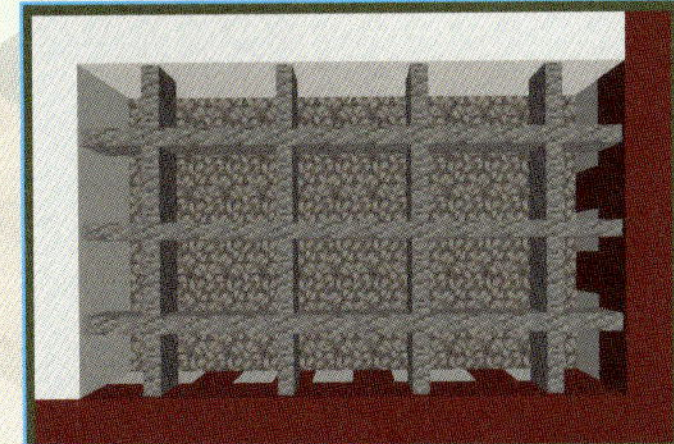

マイ うんちく シカツノサンゴブロックを水中以外で使うと「死んだ」ブロックになる。

⑪ 正面を青色、黄色、桃色、白色のコンクリートで看板のように装飾する。

⑫ 横側も黄色、白色、灰色、黒色のコンクリートで看板のように装飾する。

⑬ ビルの縁に赤色、黄色、白色、空色、桃色、青色のコンクリートで看板をつけエンドロッドをつける。

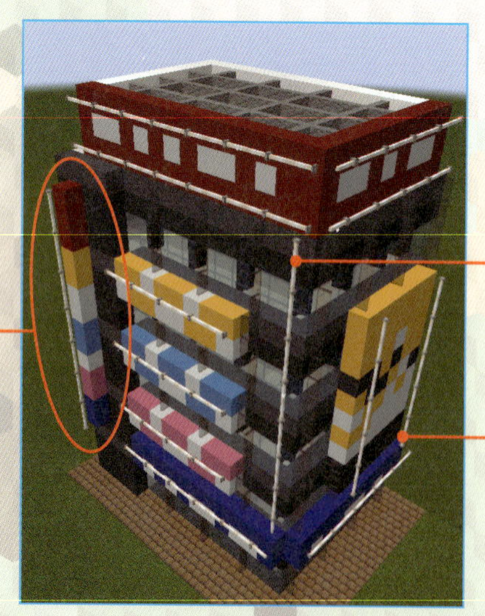

看板の装飾の色合いは、ここで示しているのはあくまで一例。配色をアレンジして、自分なりの装飾にしてみよう！

マイ うんちく 実際にテナントビルの看板を観察して、装飾の参考にしてみよう。

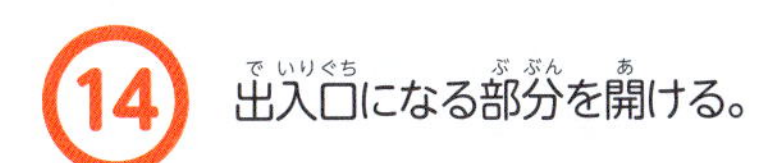

14 出入口になる部分を開ける。

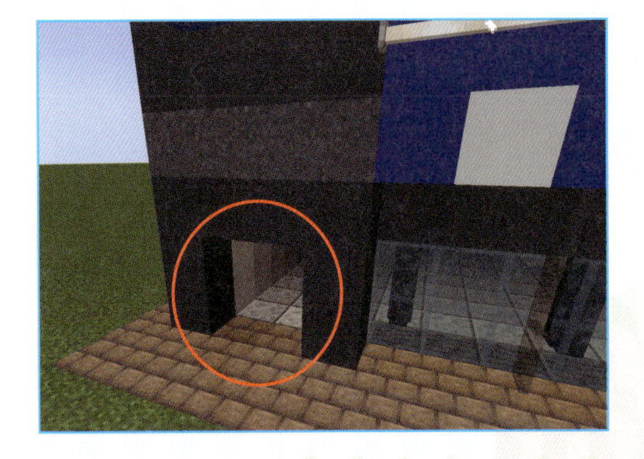

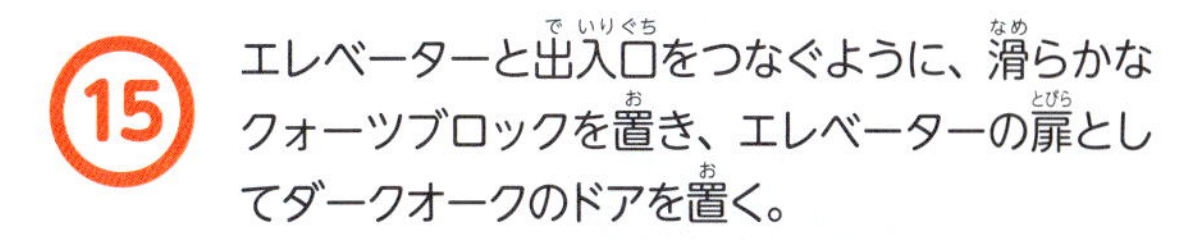

15 エレベーターと出入口をつなぐように、滑らかなクォーツブロックを置き、エレベーターの扉としてダークオークのドアを置く。

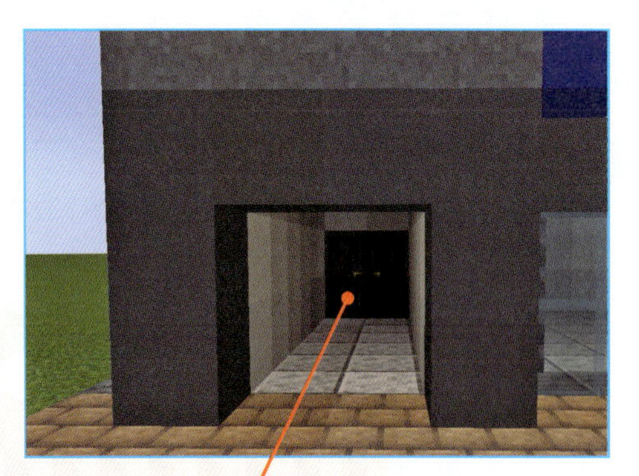

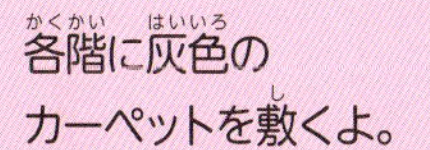

内装

各階のエレベーターを使える状態にしよう。

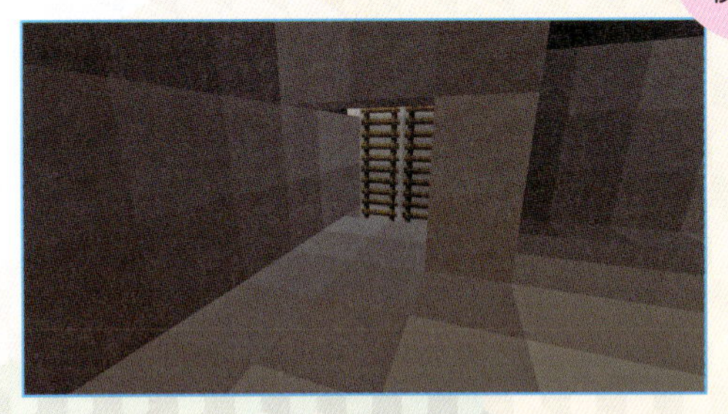

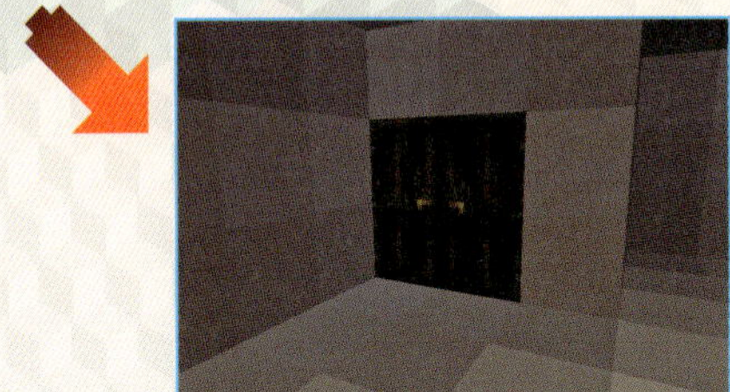

各階に灰色のカーペットを敷くよ。

マイ うんちく 各階に自分の好きなお店や事務所を置いてみよう！

STEP 4 本格的な近未来風建築にチャレンジしよう

ショッピングビル

近未来にありそうな巨大なショッピングビル。
難易度の高い円形の建築方法をここでマスターしよう。

大きな屋外ビジョンが2つついているよ！

配置図

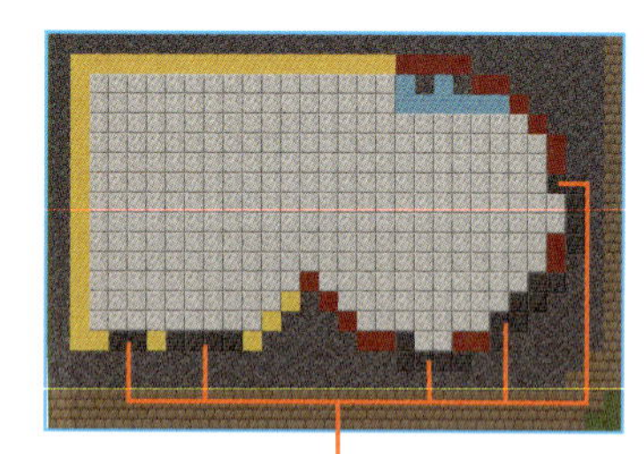

磨かれた深層岩

・敷地の大きさ
高さ 30 ブロック×奥行 19 ブロック
・建物の大きさ
高さ 27 ブロック×奥行 15 ブロック
×高さ 28 ブロック

マイ うんちく 渋谷のスクランブル交差点には、合計で4つの屋外ビジョンがあるよ。

① 24ページの配置図の黄色の部分に、方解石を3ブロックの高さに積む。

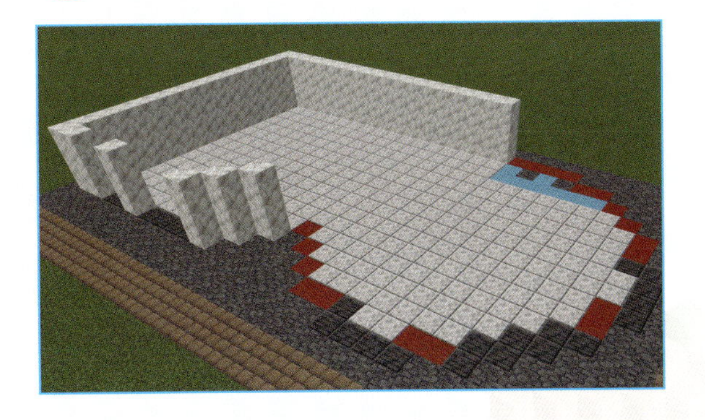

② 配置図の赤色の位置と、赤色に挟まれた磨かれた深層岩の位置に、滑らかなクォーツブロックを3ブロックずつ積む。さらに、①で積んだ部分に挟まれた磨かれた深層岩の位置に、方解石を3ブロックずつ積む。

③ ①と②の上に、薄灰色のコンクリートパウダーを置く。

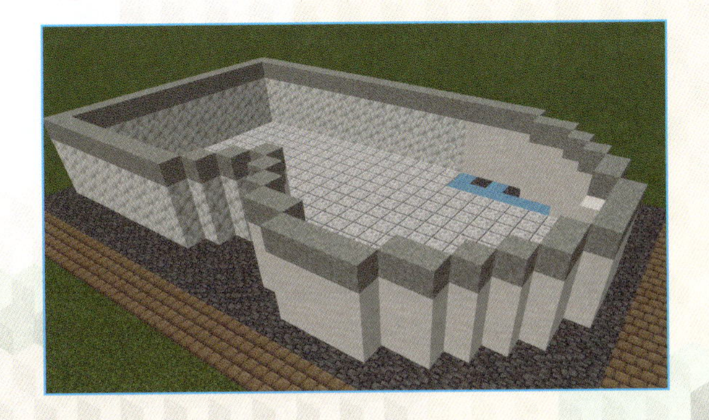

④ 配置図の空色の位置に、白色のコンクリートとはしごでエレベーターをつくる。

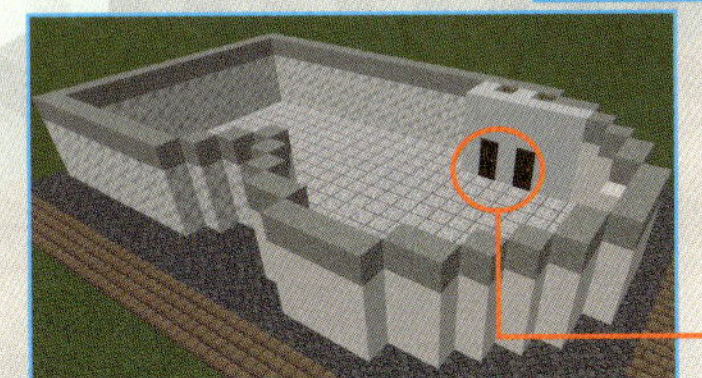

ドアをつける。

マイ うんちく　多層階の建築は、エレベーターや階段の位置を決めてつくろう。

5 写真の○の位置に安山岩の塀を置く。

6 白色のコンクリートで天井をつくる。

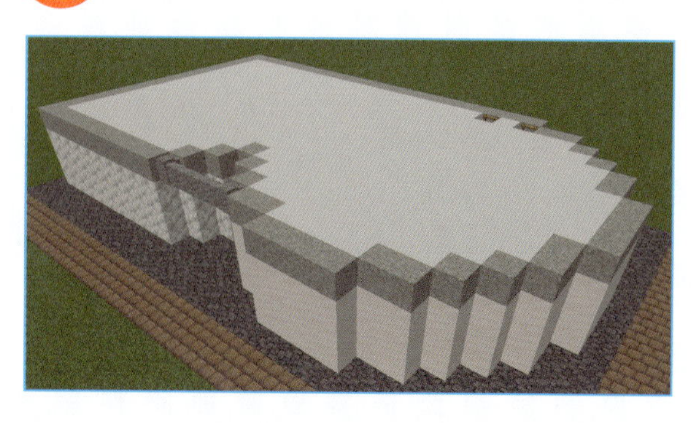

7 ①〜⑥でつくったものを5階分（残り4階分）つくって重ねる。

8 青緑色のコンクリートと閃緑岩を、写真の配置を参考にして置く。

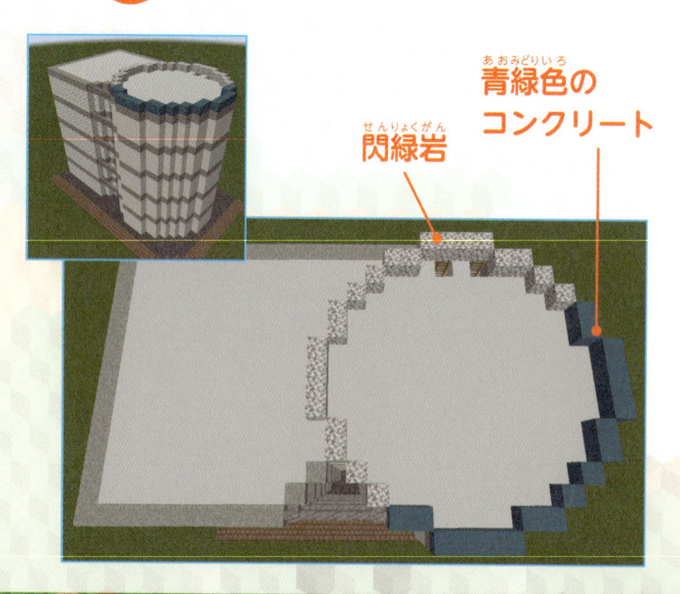

マイ うんちく かつて「大阪マルビル」という円筒状のビルがあった。

9 ⑧の青緑色のコンクリートと閃緑岩を合計８ブロックの高さにまで積み、てっぺんに安山岩を敷く。

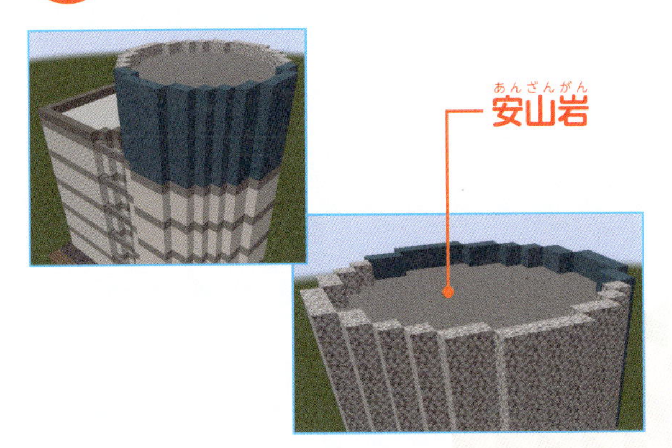

10 屋上部分の縁に薄灰色のコンクリートを置き、屋上に安山岩のハーフブロックを敷く。

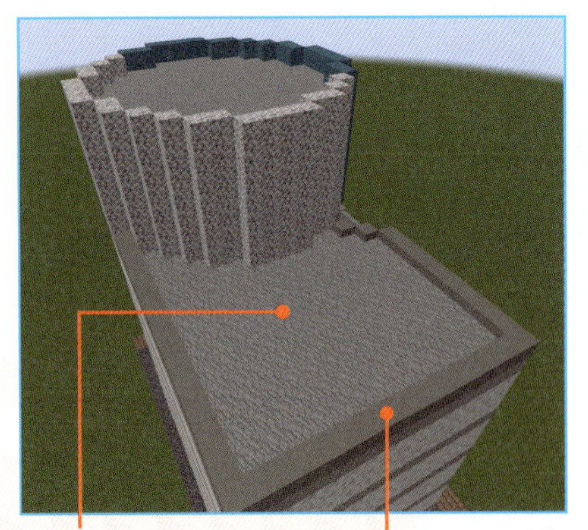

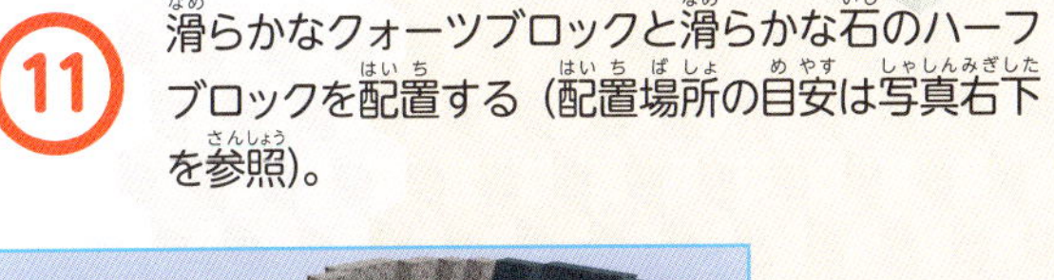

11 滑らかなクォーツブロックと滑らかな石のハーフブロックを配置する（配置場所の目安は写真右下を参照）。

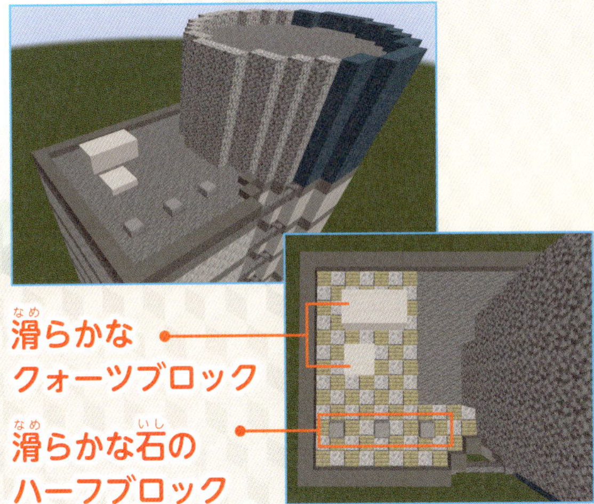

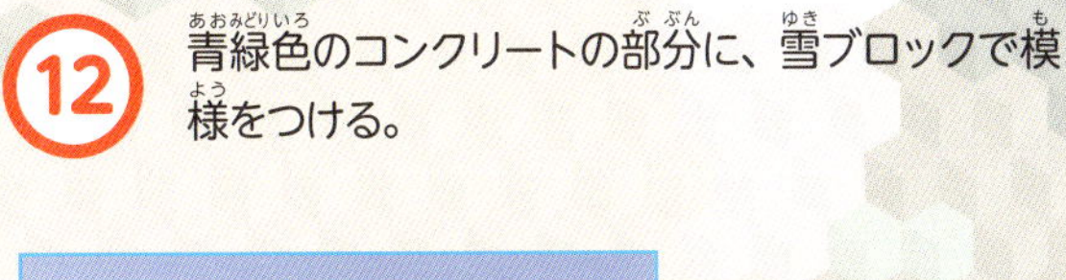

12 青緑色のコンクリートの部分に、雪ブロックで模様をつける。

マイ うんちく 雪ブロックは溶けないので、建築にも使えるよ。

13 写真を参考にして、エンドロッドを置く。

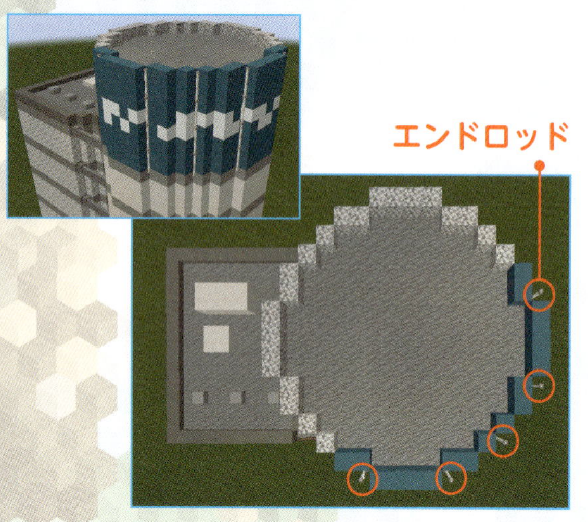

14 24ページの配置図にある磨かれた深層岩の位置に、青緑色のガラス板を3ブロックずつ積む。

15 写真を参考に、好きな色のコンクリートブロックで看板やテントなどの装飾をつけ、エンドロッドをつける。

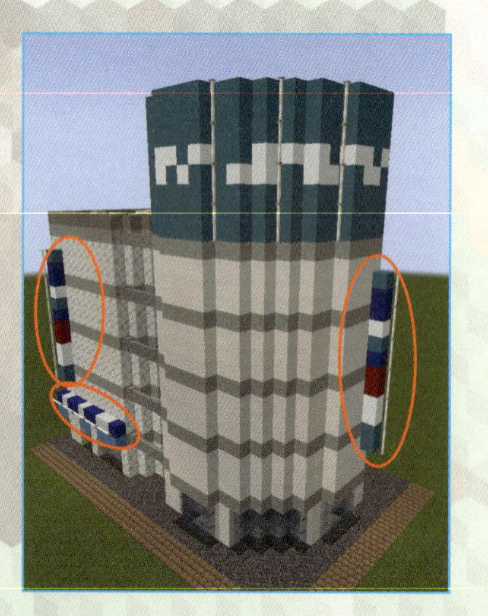

16 写真の○の位置に黒曜石で枠をつくり、屋外ビジョンをつくる。枠の中に好きな色のコンクリートブロックを入れる。

マイ うんちく 屋外ビジョンには3D映像も映すことができるよ。

⑰ 写真の○の位置に、もう一つ巨大ビジョンをつくる。黒曜石で枠をつくり、好きな色のコンクリートブロックを入れる。

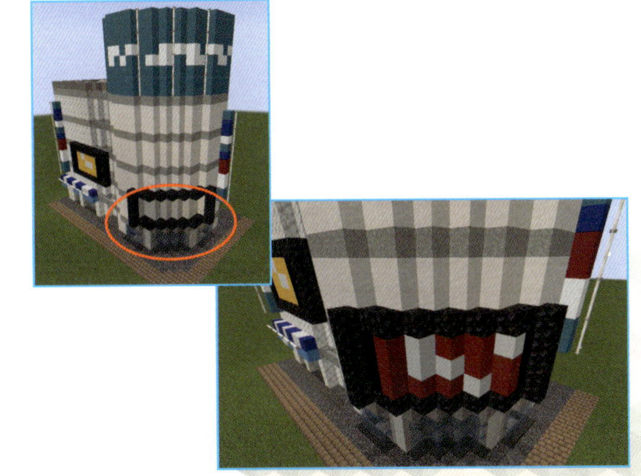

⑱ 2つのビジョンにはエンドロッドをつける。

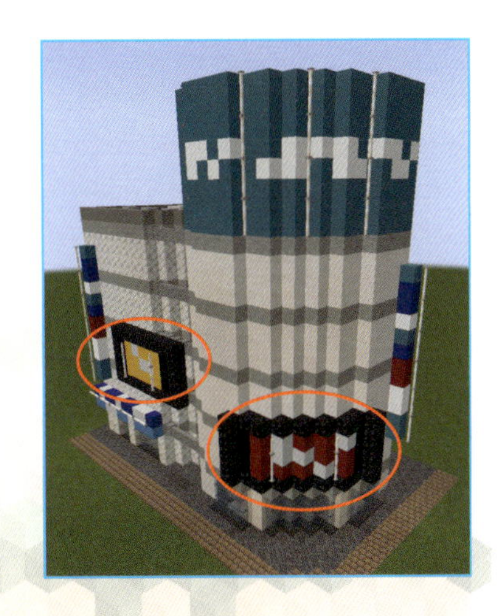

⑲ 旗で飾りつけする。

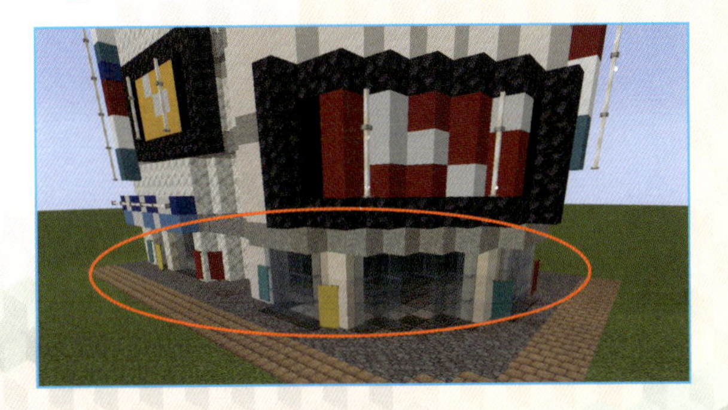

内装

各階に薄灰色のカーペットを敷こう。

マイ うんちく 旗には「機織り機」と「作業台」で模様をつけることができるよ。

STEP 5 本格的な近未来風建築にチャレンジしよう

ゲームセンター

思わず行きたくなっちゃう⁉
みんなが楽しめるよう、内装にこだわったゲームセンターだ！

外装にもこだわって、リアルな近未来風建築を目指そう！

配置図

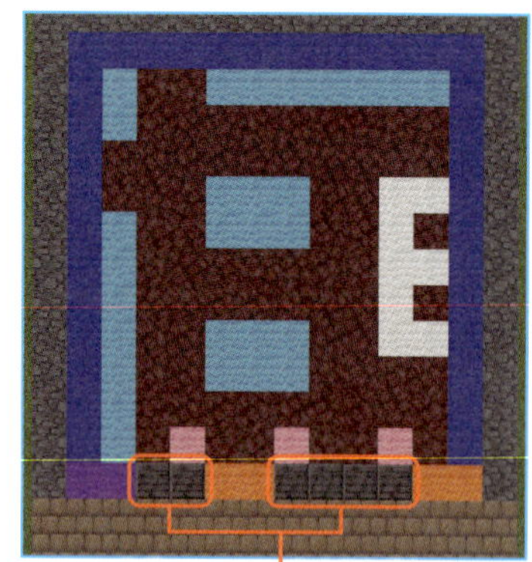

磨かれた深層岩

・敷地の大きさ　幅14ブロック×奥行16ブロック
・建物の大きさ　幅14ブロック×奥行16ブロック×高さ11ブロック

マイうんちく 歪んだ菌糸を斧で叩くと、表皮を剥いだ歪んだ菌糸になる。

①

30ページの配置図にある目印を参考に、下の①〜③の順でブロックを重ねる。

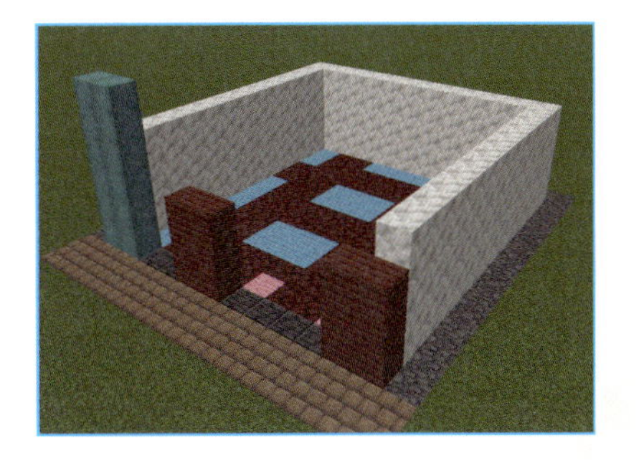

①青色…方解石（4ブロック分）
②橙色…マングローブの板材（3ブロック分）
③紫色…表皮を剥いだ歪んだ菌糸（6ブロック分）

②

①で積んだ表皮を剥いだ歪んだ菌糸の、上3ブロック分を横に伸ばす。次に、方解石の上に安山岩を置き、深層岩を置いて天井にする。

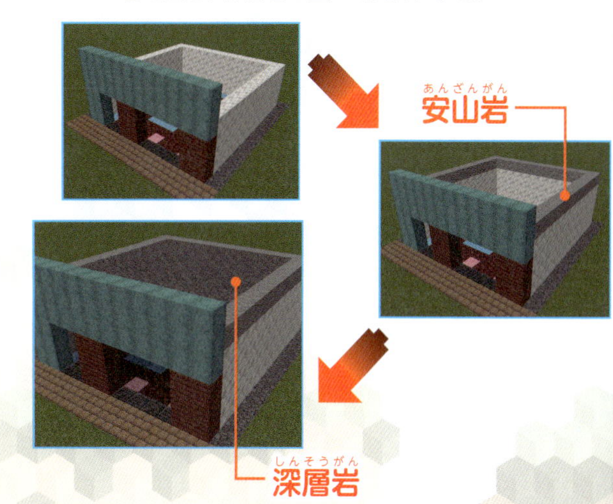

③

2階をつくる。「2階部分」の写真にある黄色と白の部分を参考にして、方解石をコの字に置く。次に、真ん中の黄色と白の部分に方解石を5ブロックずつ積み上げる。

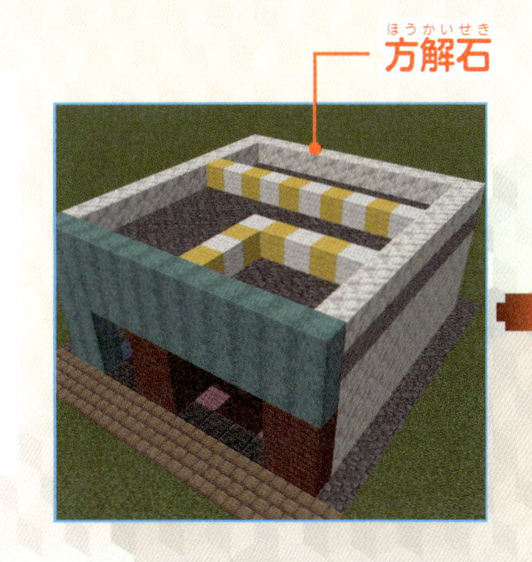

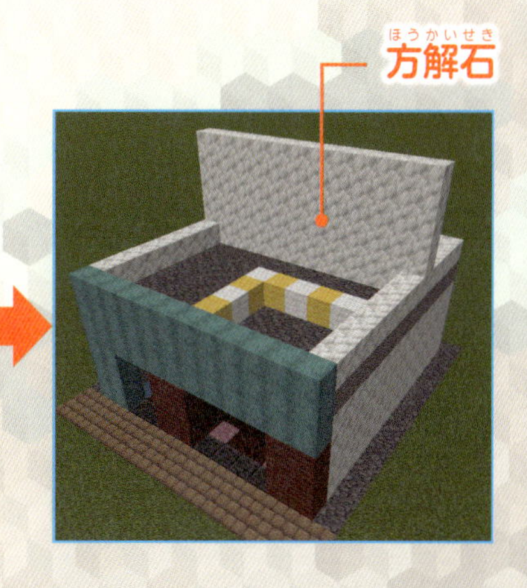

マイ うんちく 方解石は実際にある鉱物。石材で使う場合は「大理石」と呼ばれる。

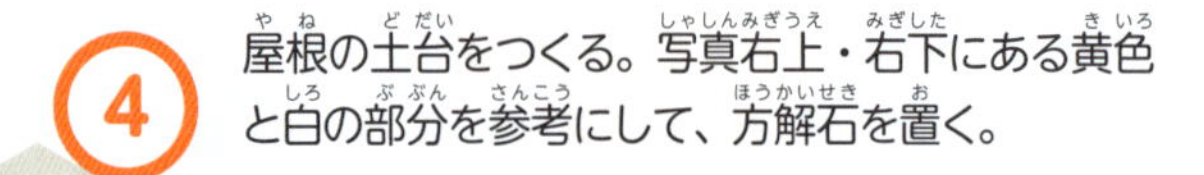

④ 屋根の土台をつくる。写真右上・右下にある黄色と白の部分を参考にして、方解石を置く。

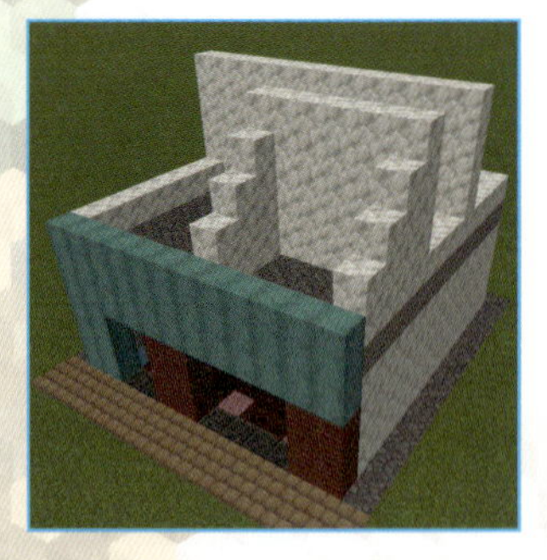

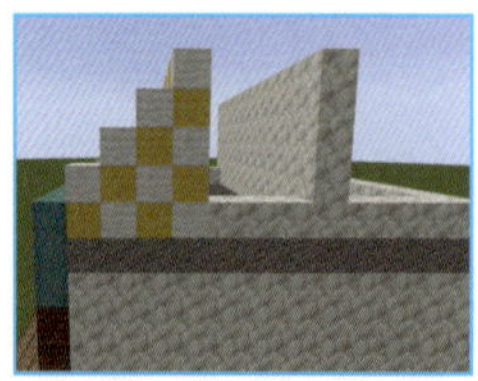

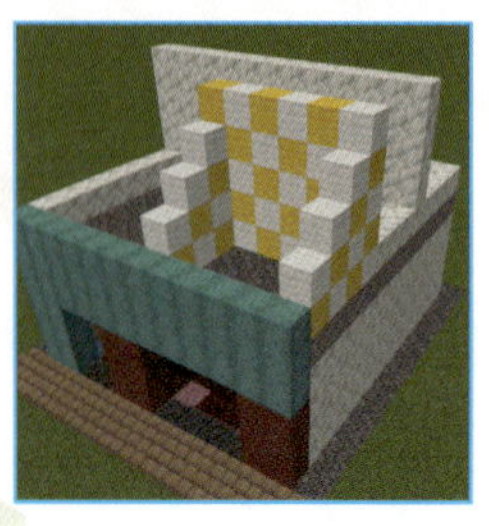

⑤ 写真右上・右下にある黄色と白の部分を参考にして、左右の壁を方解石でつくり、方解石でつなぐ。

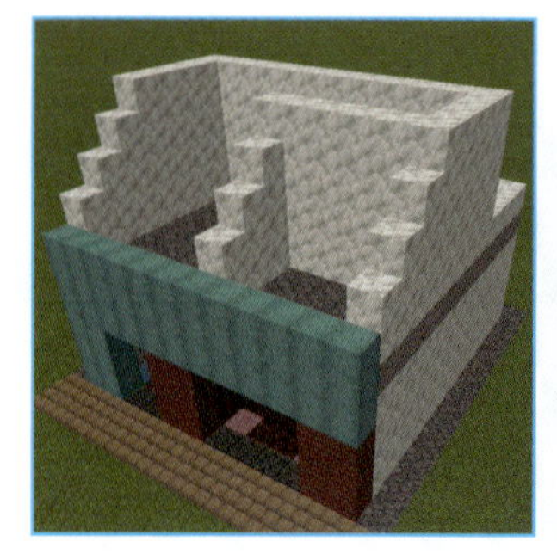

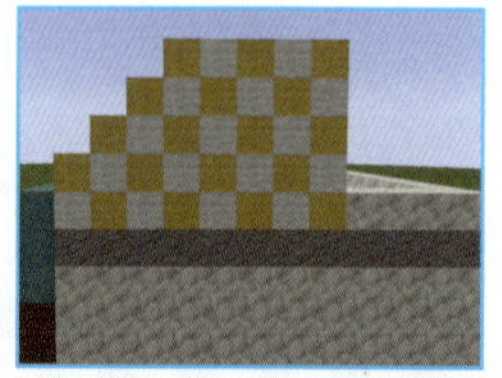

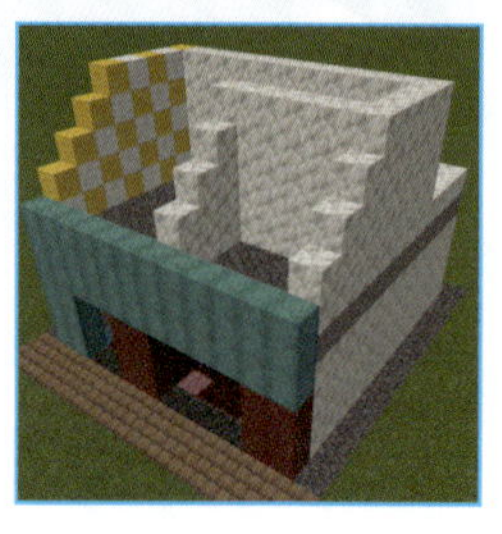

⑥ 粘土ブロックで屋根をつくり、写真右下を参考にして一部をくり抜く。

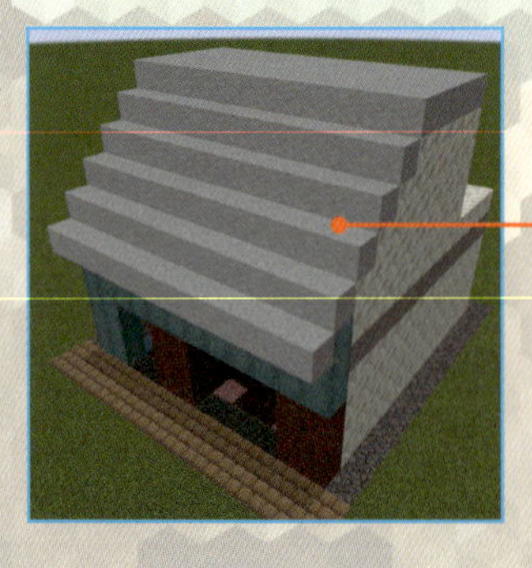

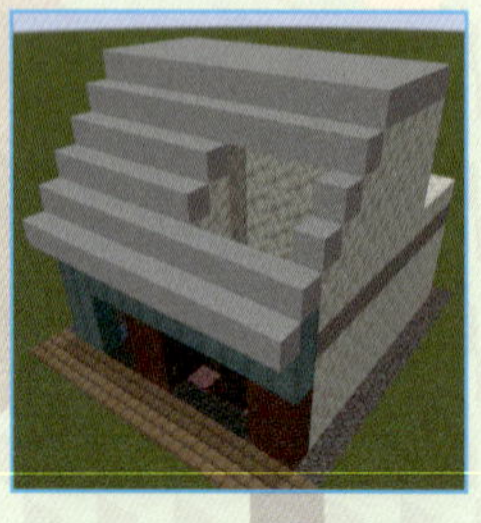

⑦ 30 ページの配置図にある桃色の位置に、ネザーレンガのフェンスを 4 ブロックずつ積み上げる。

桃色の部分は、建築時にはネザーラックにしておく。

マイ うんちく 音符ブロックの下に粘土ブロックを置くと、フルートの音になる。

8 30ページの配置図の磨かれた深層岩の位置に青緑色の色付きガラス板を置く。出入口部分は開けておく。

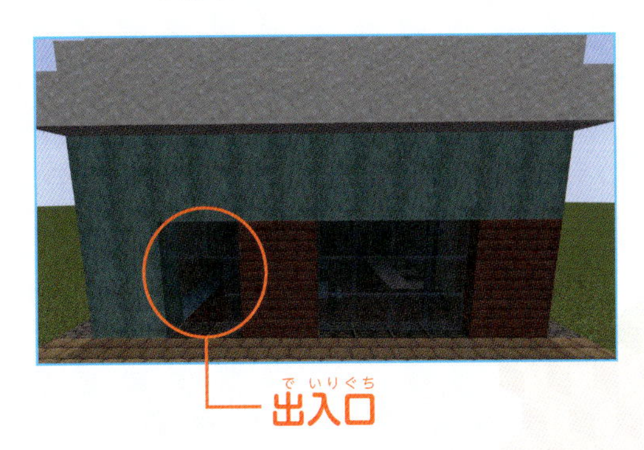

9 橙色・黄色・白色のコンクリートで看板のように装飾し、エンドロッドをつける。

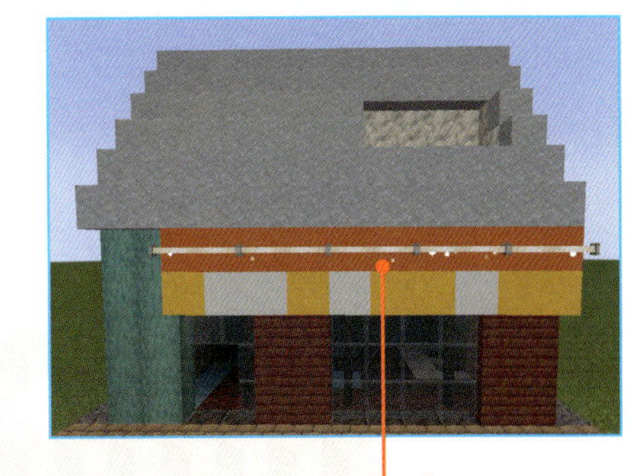

10 屋根の左上に青緑色の色付きガラスを2ブロック置く。⑥でくり抜いた屋根の奥の壁にトウヒのドアを設置し、ダークオークのボタンを2つつける。

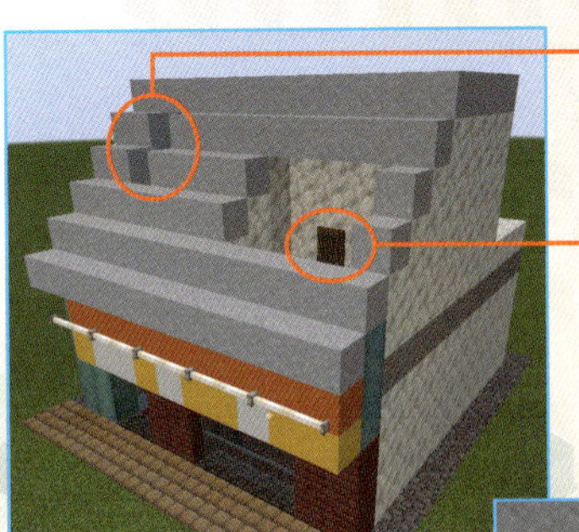

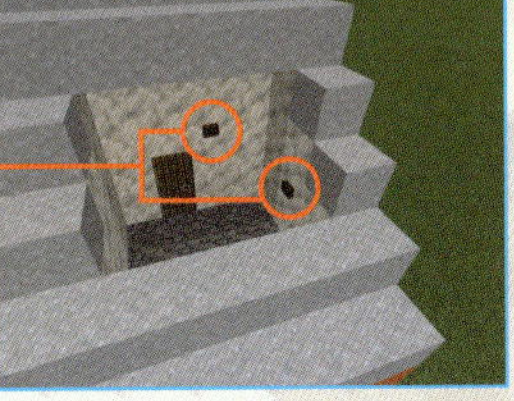

11 旗で装飾する。

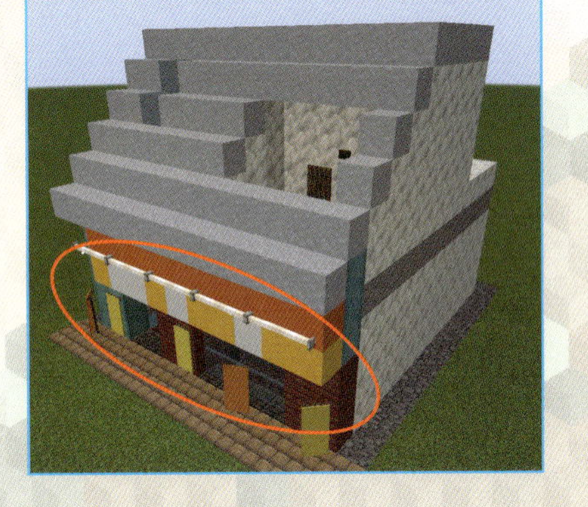

マイ うんちく 看板や旗の色は、自分でアレンジしてみよう。

12 向かって右側の側面に、灰色の色付きガラス板と閃緑岩の塀を置く（位置は写真右下を参照）。また、ダークオークのボタンとブラックストーンの塀、シュルカーボックスも置く。

①灰色の色付きガラス板
②閃緑岩の塀
③ブラックストーンの塀
④ダークオークのボタン
⑤シュルカーボックス

13 向かって左側の側面に、灰色の色付きガラス板と閃緑岩の塀を置く（位置は写真右下を参照）。また、ブロックストーンの塀とダークオークのボタンも置く。

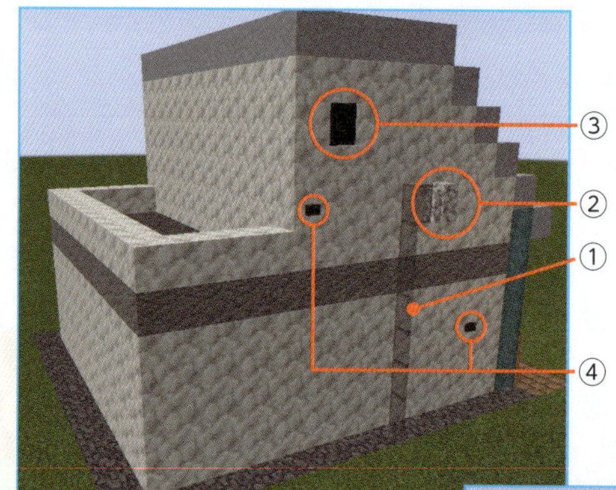

①灰色の色付きガラス板
②閃緑岩の塀
③ブラックストーンの塀
④ダークオークのボタン

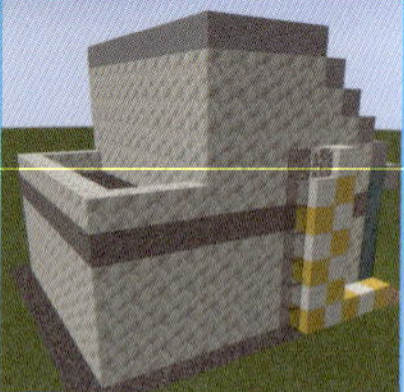

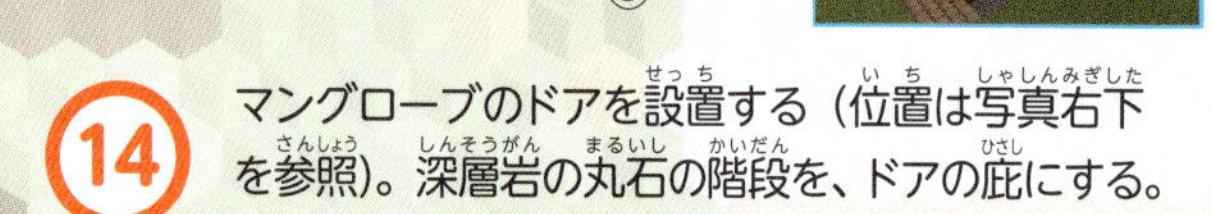

14 マングローブのドアを設置する（位置は写真右下を参照）。深層岩の丸石の階段を、ドアの庇にする。

マイ うんちく 階段ブロックは、イスや庇、屋根などにも使えるよ。

建物裏面に、鉄ブロックと鉄のトラップドア、はしごで室外機をつくる。

下の①～⑥のブロックを使って、2階部分の装飾をする。

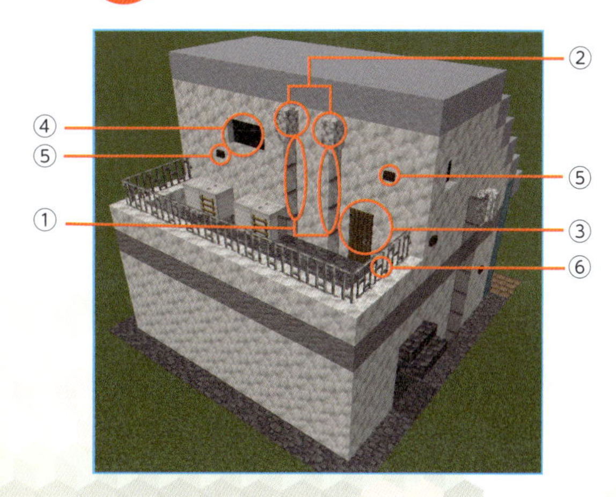

①灰色の色付きガラス板
②閃緑岩の塀
③トウヒのドア
④ブラックストーンの塀
⑤ダークオークのボタン
⑥鉄格子

右下の①～⑤のブロックを使って、1階部分の装飾をする。

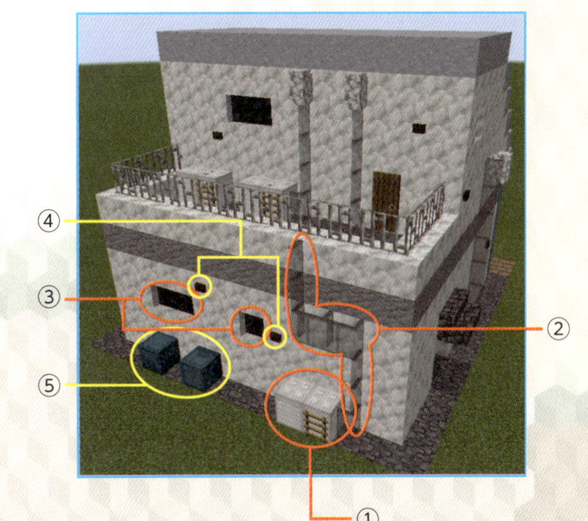

①室外機（つくり方は⑮参照）
②灰色の色付きガラス板
③ブラックストーンの塀
④ダークオークのボタン
⑤シュルカーボックス

マイ うんちく　鉄格子は囲いや手すりに使われることが多いよ。

内装

30ページの配置図にある白色の位置に、閃緑岩・はしご・トウヒのドアを設置し、2階に行けるようにしよう。

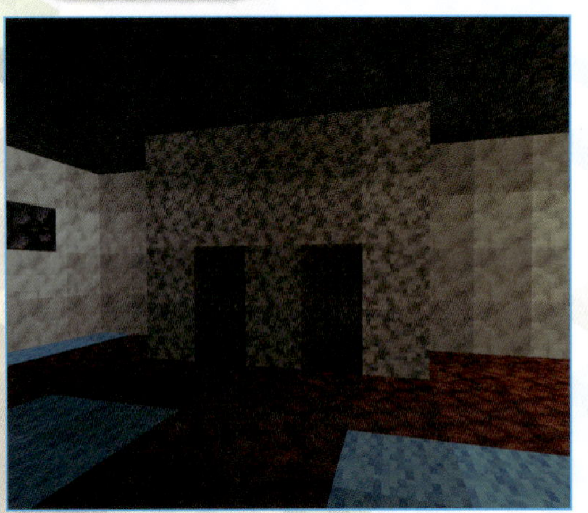

配置図にある空色の位置に、磨かれた閃緑岩の階段を置く（向きに注意）。なお、空色の部分は、建築時にネザーラックに変えよう。

プリズマリンの塀と深層岩の丸石の塀を、ゲーム機のように交互に置くよ。天井にはエンドロッドを置こう。

マイ うんちく ネザーラックは、火をつけると永遠に燃え続けるブロックだよ。

ミッション 2

「環境(かんきょう)にやさしい
ヨーロッパ風(ふう)のまち」をつくろう！

ミッション 2

環境にやさしいヨーロッパ風のまち

科学技術がなかったころのヨーロッパをイメージした
環境にやさしいまちをつくってみよう！

西洋風の城
46 ページ

マイ うんちく　今回の建物の多くは砂岩をベースにしているよ。

タツナミシュウイチから一言！

まるで世界遺産！
そんな西洋建築を
マスターしてみよう！

日本だけでなく、ヨーロッパでも昔ながらの建物は大切に保存されています。なかには今でも現役、中で人が住んだり働いたりしている中世の建物もたくさんあるんだ！ 貴重なヨーロッパの古い建物は、まるで絵本やおとぎ話に出てくるような姿をしているよ。お姫さまと王子さまがそこに立っていそうなオシャレでカワイイ西洋風建築を、ミッション2でマスターしていこう！

STEP 1 西洋風建築の基本を知ろう

三角屋根の家

ヨーロッパの田舎町にありそうな、赤い屋根が目印の木造の家。
まずはこれで、西洋風建築の基本を学ぼう！

木のブロックの味わいを活かした家だよ！

① 下の配置図に従って、土台をつくる。青枠の中には地面にブロック（赤枠はハーフブロック）を置き、それ以外のところは地面にブロックを埋める。

配置図

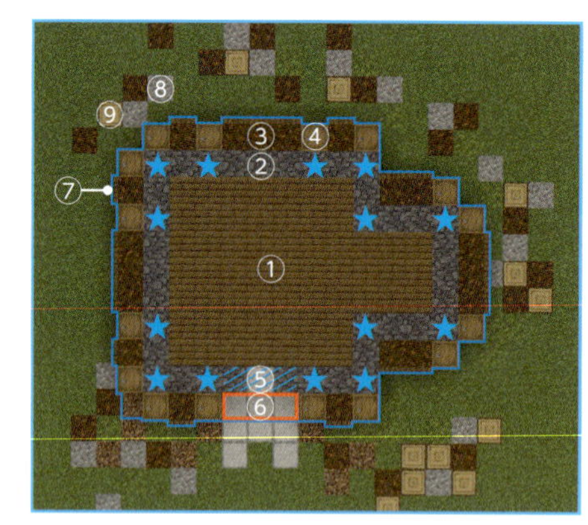

①トウヒの板材
②深層岩
③ポドゾル
④樽
⑤滑らかな石
⑥滑らかな石のハーフブロック
⑦トウヒのトラップドア
⑧砂利
⑨オークの原木

マイ うんちく 明治時代に西洋のまねをしてつくった建物を擬洋風建築というよ。

②

①の★のところに柱を立てる。
また、④樽の上にトウヒの感圧板を置く。

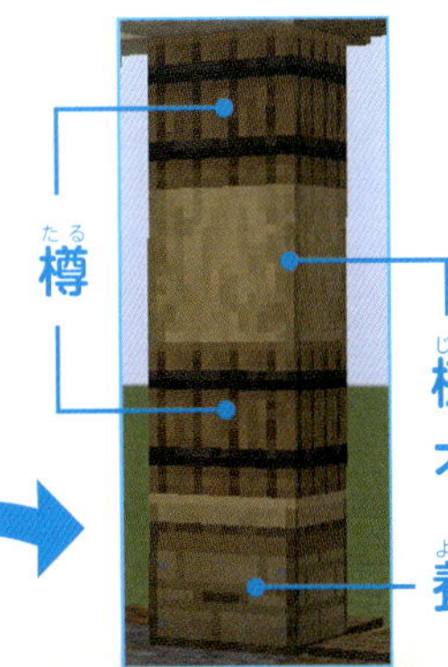

③

柱の上にオークの板材を置き、その間をつなぐように砂岩を置く。ただし、正面にあたる部分（①で示した斜線部分）はオークの板材を置く。柱に置いたオークの板材にオークの階段を設置し、その間をオークのハーフブロックで埋める。

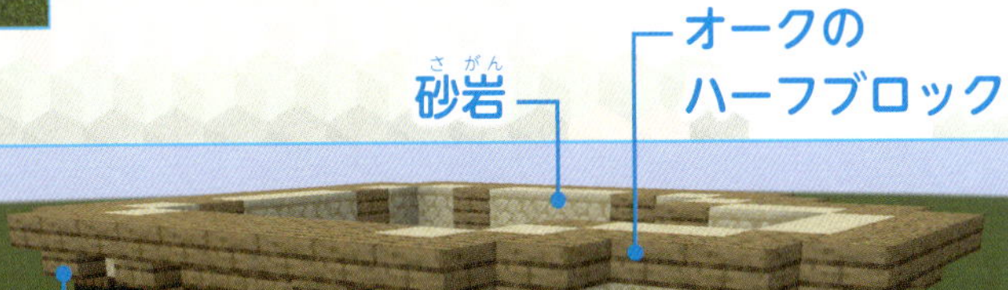

④

写真を参考にして、オークの原木で屋根用の柱をつくる。あとからほかの柱とつなげる部分はオークの板材にしておく。

マイ うんちく オークの木は、日本では「ナラ」とも呼ばれているよ。

⑤ 下の一覧にあるブロックを使い、屋根の骨組みをつくる。

・ネザライトブロック
・大釜
・オークの階段
・オークのハーフブロック
・オークのトラップドア
・オークのフェンス

⑥ 屋根をつくる。マングローブの板材と階段をレンガのように積み、縁には泥レンガと泥レンガの階段を配置する。

⑦ 柱の間を埋めて、壁をつくる。

ベッドを使ってオーニング（日よけ）をつくる。オーニングの土台にはトウヒのトラップドアを2枚重ねる。

ジャングルのトラップドアを窓にする。

マイ うんちく　オーク材は、現実世界でも家具などに多く使われているんだ。

8 屋根の側面の壁をつくる。

書見台を並べて装飾する。

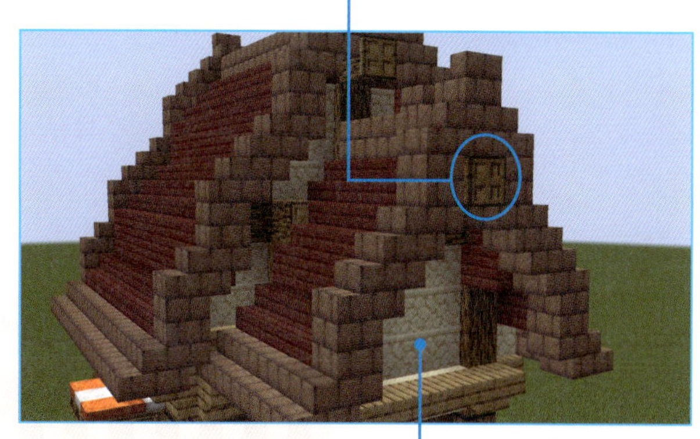

オークのトラップドア

砂岩の塀

9 植物で装飾する。屋根にはツツジの葉や苔のカーペット、小さなドリップリーフなどを設置する。トウヒのトラップドアで覆ったポドゾルには、ツツジを植える。

内装

- 大釜
- ホッパー
- ランタンオークの階段
- トウヒの階段
- トウヒのトラップドア
- チェスト
- 飾り壺
- 植木鉢
- ツツジの花
- トーチフラワー
- フランスギク
- 醸造台

マイ うんちく　ポドゾルはロシア語で「下の灰」という意味なんだ。

家をレベルアップさせよう

三角屋根の家をアレンジして、
レベルアップした家もつくってみよう。

土台の形は違っても、基本のつくり方は三角屋根と同じだよ！

三角屋根が2つある家

マングローブの板材と階段、泥レンガとその階段を交互に積み、屋根をくっつけよう。

マイ うんちく マングローブは、塩分の濃い水でも生きられる植物の総称だよ。

母屋と離れがくっついたような家

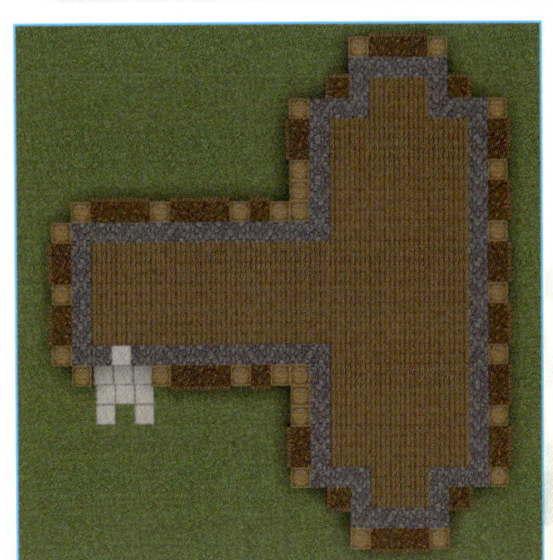

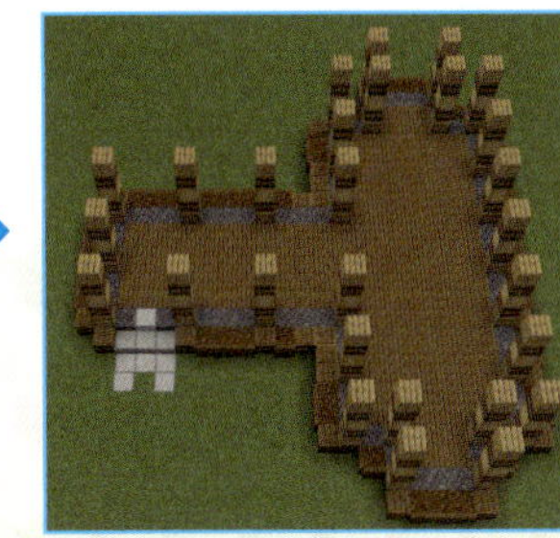

大きな母屋に、小さな離れがくっついているイメージ！

左ページと同じように、マングローブと泥レンガのブロックと階段を交互に積もう！

マイ うんちく 母屋は、敷地内の中心になる建物や部分のことなんだ。

STEP 2 西洋風建築をレベルアップ！

西洋風の城

三角屋根の家のつくり方をアレンジして、
アーチが目印のお城にチャレンジしよう！

マイ うんちく アーチは古代エジプトでもつくられていたよ。

① 建物を支える石の土台部をつくる。右下の一覧にあるブロックを積む（⑦だけは地面に埋める）。

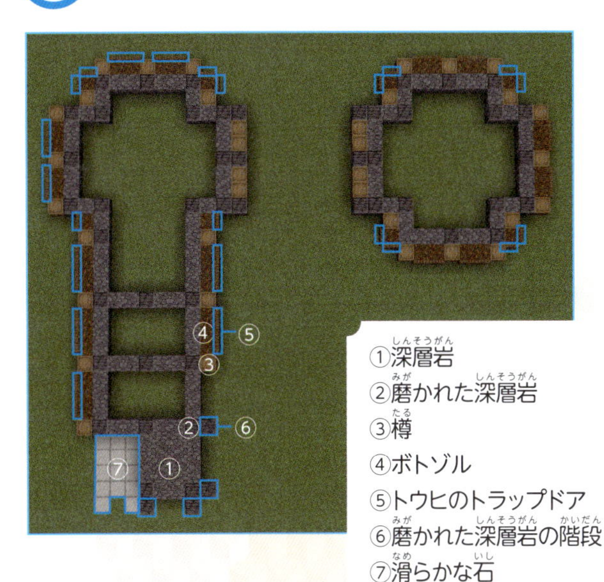

①深層岩
②磨かれた深層岩
③樽
④ボトゾル
⑤トウヒのトラップドア
⑥磨かれた深層岩の階段
⑦滑らかな石

② ①の写真の磨かれた深層岩のところに柱を立てる。それぞれの柱の構成は写真を参考にする。

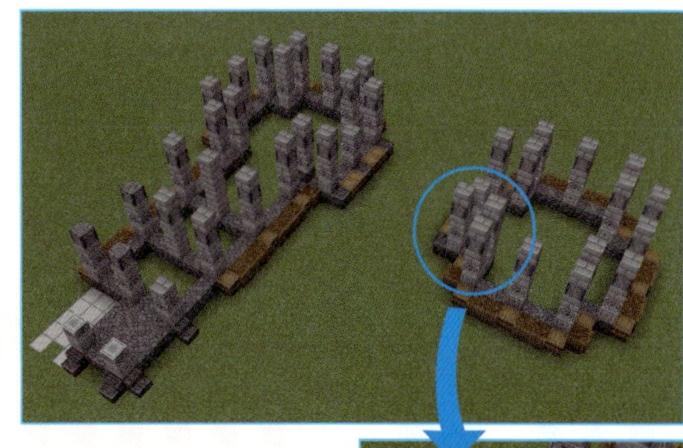

・ロードストーン
・石レンガ
・模様入りの石レンガ
・磨かれた玄武岩

③ 写真を参考にして、梁とアーチをつくる。

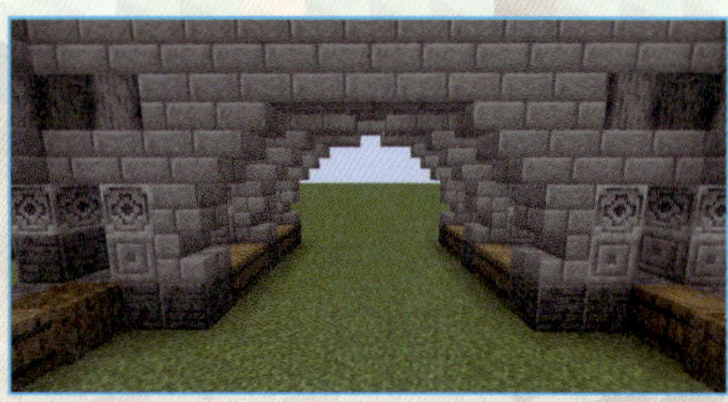

・石レンガ
・石レンガの階段
・滑らかな石

マイ うんちく 玄武岩は、マグマが急速に冷えて固まってできた岩だよ。

4 壁とアーチの天井をつける。

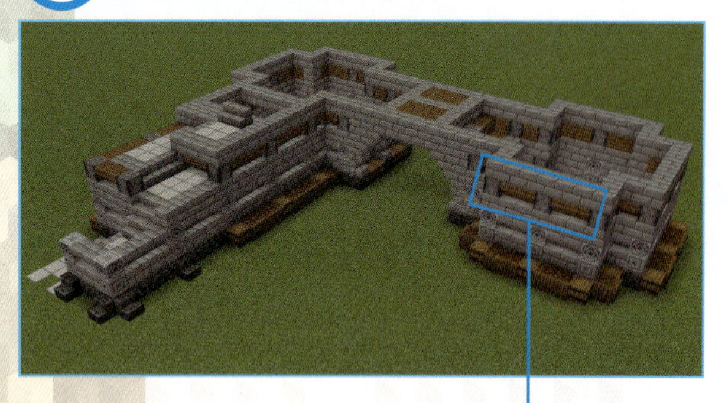

壁にはトウヒの階段を設置。

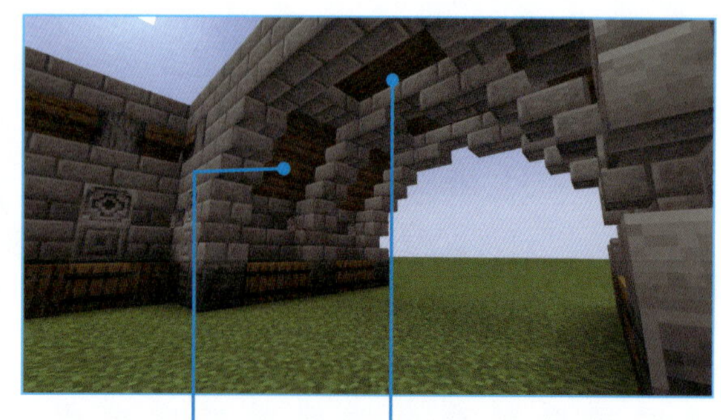

トウヒの階段　トウヒのハーフブロック

5 建物の土台部分をつくる。

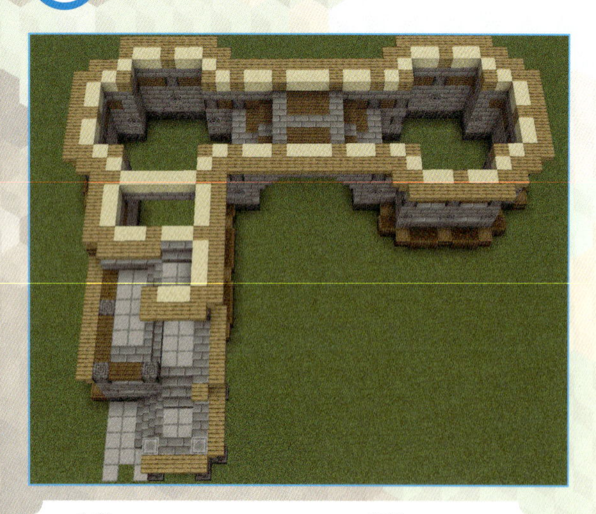

- 砂岩
- オークの板材
- オークの階段
- オークのハーフブロック

6 建物の柱を立てる。

石レンガの塀　オークの原木

マイ うんちく トウヒは「唐檜」と書き、クリスマスツリーにも使われる。

7

写真の○部分に、右の一覧のブロックで床を設置し、建物部分の柱の間を石レンガの階段で埋める。

・滑らかな石
・滑らかな石のハーフブロック
・砂岩

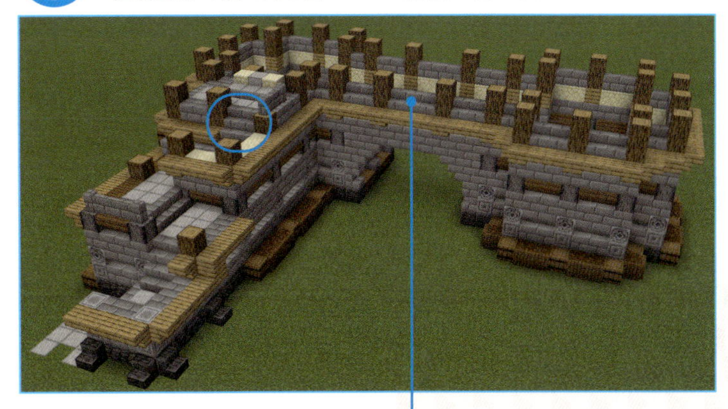

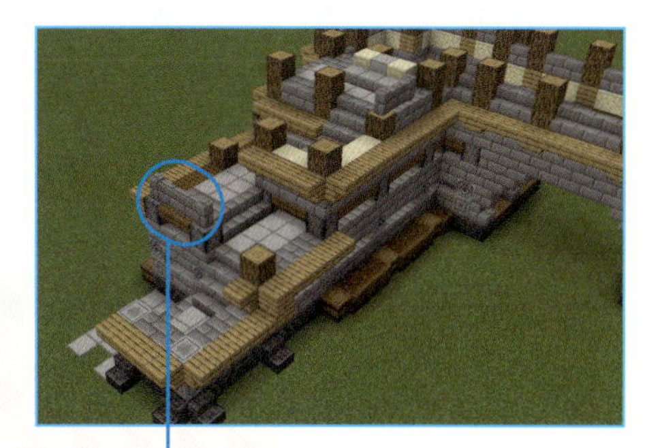

石レンガの階段

石レンガの塀で手すり部分をつくる。

8

建物部分の床を設置する。

・トウヒの板材
・金床
・ポドゾル
・トウヒのトラップドア
・養蜂箱
・オークのトラップドア
・オークの原木
・ツツジ
・石レンガの階段

石の土台部分のまわりに植物（ツツジ）を置く。

マイ うんちく　古代ザメのステタカントゥスの背びれは金床の形をしているんだ。

9 ⑧の上に柱を立てる。

◯の部分には、トウヒの板材ではしごを付ける場所もつくる。

- 樽
- オークの板材
- 樹皮を剥いたオークの原木
- 骨ブロック
- トウヒの板材

10 2階部分の梁と床をつくる。

- オークの原木
- トウヒの板材
- オークの板材
- オークの階段
- オークのハーフブロック

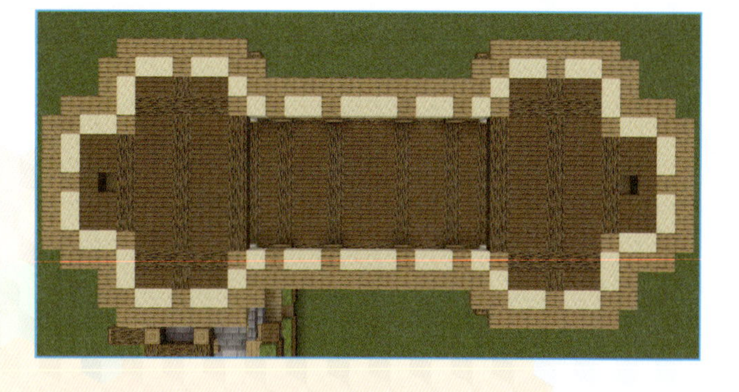

11 建物中央部の屋根の梁をつくる。

ここの梁はAの部分のものだよ！

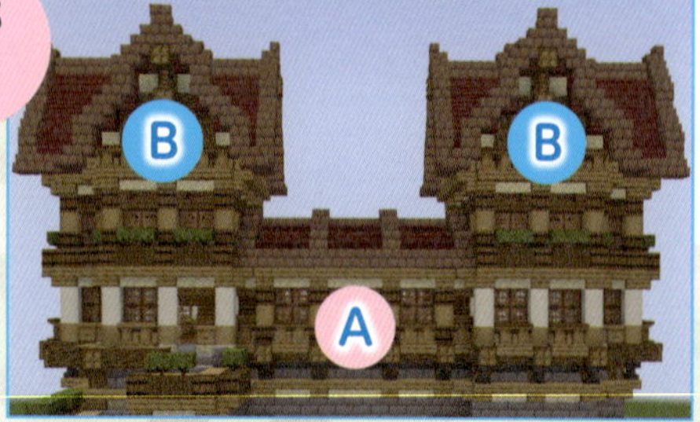

マイ うんちく 骨ブロックは、設置する向きで丸い模様が見えるのが特徴だ。

12

⑪の写真にあるBの部分の、
3階を支える柱を立てる。

・樽
・オークの板材
・樹皮を剥いたオークの原木

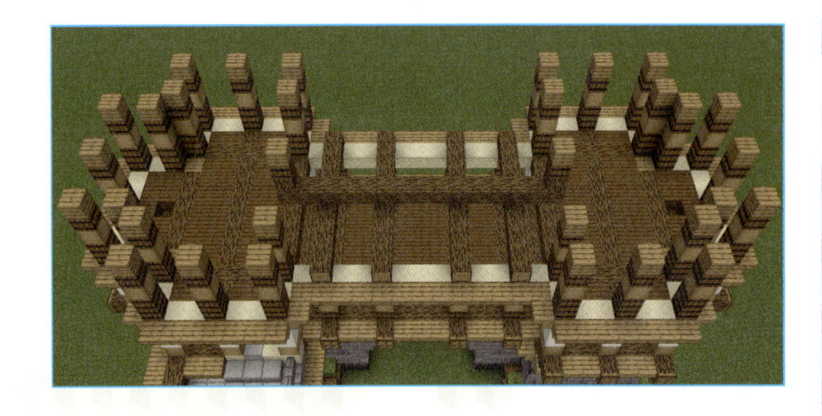

13

Bの部分の梁をつくる。柱の側面にオークの階段を置き、柱と柱の間をオークのハーフブロックでつなげる。内側はジャングル系の建材で装飾する。

・ジャングルの階段
・ジャングルのハーフブロック
・砂岩
・オークの板材
・オークのハーフブロック
・オークの階段

内部にも注目！

14

⑬の上に柱を立てる。

マイ うんちく　ジャングルの木の葉は、バイオームによって変化するよ。

⑮ Bの部分の、屋根を支える梁をつくる。

- オークの原木
- オークのトラップドア
- ジャングルのフェンス
- ネザライトブロック
- 大釜

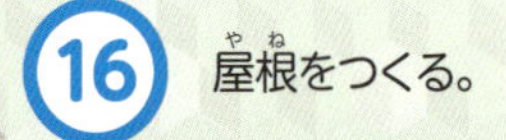

⑯ 屋根をつくる。

- 泥レンガ
- 泥レンガのハーフブロック
- 泥レンガの階段
- マングローブの板材
- マングローブのハーフブロック

最初にAの部分の屋根をつくる。

次に左右のBの部分の屋根をつくる。

マイ うんちく 泥レンガは、2022年のVer.1.19 ワイルドアップデートから追加された。

17 写真を参考にして、壁をつくる。

- 養蜂箱
- ジャングルのトラップドア
- ポドゾル
- トウヒのトラップドア
- トウヒの階段
- 書見台
- ジャングルのドア
- ツツジ
- 砂岩の塀（壁）
- 砂岩
- ジャングルのドア

内装

- サクラの葉
- ランタン
- 飾り壺
- 植木鉢
- 白色のベッド
- 樽
- トウヒの看板
- オークのトラップドア
- 竹
- 醸造台
- はしご
- オークのフェンス
- ホッパー
- 音符ブロック
- 歪んだキノコ
- 蝋燭
- 緑色のカーペット
- 養蜂箱
- チェスト
- 金床
- 大釜
- コンポスター
- トウヒのトラップドア
- 真紅の根

マイ うんちく 養蜂箱には、ミツバチを最大３匹まで入れることができる。

STEP 3 本格的な西洋風建築にチャレンジしよう

風車の塔

風車の塔は、まちのシンボルにもなり、
エコな発電にも使える建築だよ！

風車の羽はシラカバのトラップドアでできているよ。

① 建物を支える石の土台部をつくる。右下の一覧にあるブロックを積む（赤枠の部分だけは地面に埋める）。

①深層岩
②滑らかな石
③滑らかな石のハーフブロック
④樽
⑤ポドゾル
⑥トウヒの階段
⑦トウヒの板材
⑧トウヒのトラップドア

マイ うんちく 最近は海の上に風車を置く洋上風力発電も開発されているよ。

②

柱を立てる。地下水をくみ上げる○部分のからくりもいっしょにつくる。

- 磨かれた玄武岩
- 模様入りの石レンガ
- 石レンガ
- 磨かれた深層岩
- オークの板材
- 磨かれた深層岩の塀
- ネザライトブロック
- 樽
- トウヒの階段
- トウヒのフェンス
- トウヒの板材
- 養蜂箱
- 樹皮を剥いたオークの原木

③

②の柱の上に梁をつくる。柱の上にオークの板材を置き、その間を砂岩でつなぐ。そのまわりにオークの階段とハーフブロックを設置する。

下の部分は石レンガと石レンガの階段で重厚にする。

④

上の階をつくるための柱を立てる。柱の横には金床を置く。

マイ うんちく 風力発電では、風を受けた風車の羽が回転するエネルギーで発電するよ。

5
梁をつくる。からくり部分はオークのフェンスで上に伸ばす。

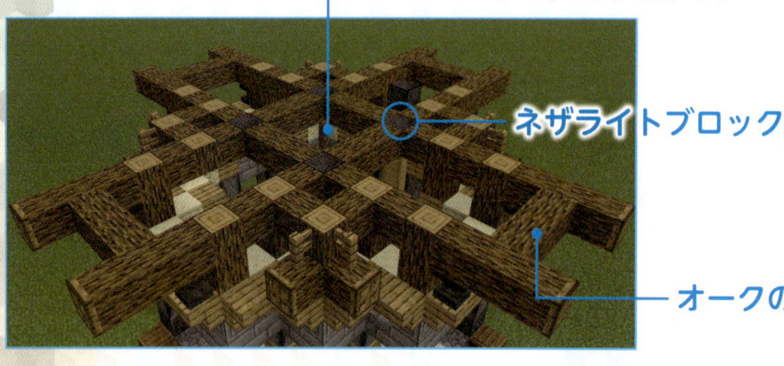

6
2階部分の床をつくる。

7
柱を立てる。

- オークの原木
- 樹皮を剥いたオークの原木
- オークのフェンス
- オークの階段
- オークの板材
- 砂岩
- 骨ブロック

マイ うんちく トラップドアは装飾にも使える便利なブロックだよ。

8 屋根と次の階を支えるための、柱の土台をつくる。

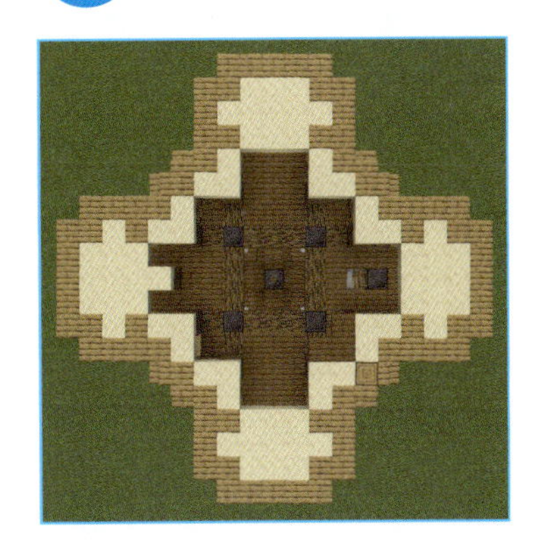

- オークの階段
- オークの板材
- オークのハーフブロック
- 砂岩

9 次の階を支えるための柱をつくる。トウヒの板材ではしごをつける場所もつくる。

トウヒの板材（はしごをつける場所）

オークの原木

10 梁をつくる。

- ネザライトブロック
- オークの原木
- オークの階段
- オークのトラップドア

全体を見ると、こんな感じになるよ！

マイ うんちく ネザライトのアイテムは耐久力が高いが、サボテンで消滅するんだ。

11

屋根の土台に日よけ屋根をつける。砂岩とダークオークでストライプにする。さらに、装飾した柱のてっぺんに砂岩を置き、梁には3階部分の床も設置する。

- 砂岩
- 砂岩の階段
- 砂岩のハーフブロック
- ダークオークの板材
- ダークオークのハーフブロック
- トウヒの板材
- トウヒの階段
- 樽

12

柱を立てる。からくりから伸びるフェンス、はしごを付ける場所も設置する。3階の梁下はトウヒの各種ブロックで埋める。

- オークの原木
- 樹皮を剥いたオークの原木
- オークの板材
- 骨ブロック
- 砂岩
- トウヒのフェンス
- トウヒの階段
- トウヒの板材

はしご位置

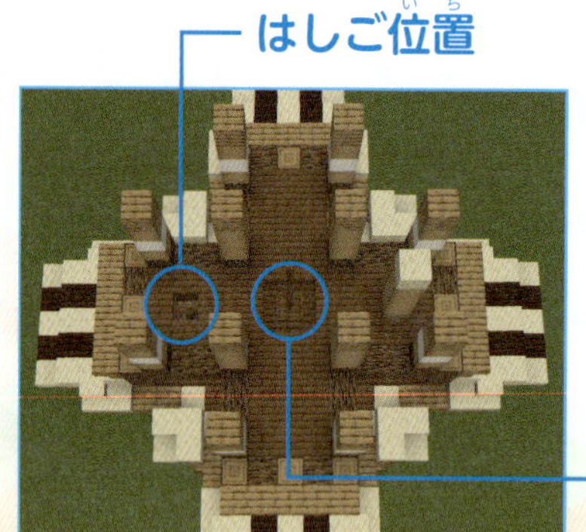

からくりから伸びるトウヒのフェンス

13

4階の梁と床を設置する。

- トウヒの板材
- オークの板材
- オークの階段
- オークのハーフブロック
- オークのトラップドア
- オークの原木
- 砂岩

マイ うんちく 縦に曲がって伸びた羽のついたダリウス型（垂直軸）の風車もある。

14 柱を立てる。柱の外に下向きの階段をせり出させる。からくりから伸びる部分もつくる。

- 樽
- オークの板材
- オークの原木
- 樹皮を剥いたオークの原木
- 石レンガの塀（壁）
- トウヒのフェンス

15 下の一覧にあるブロックを使い、最上階の梁と床をつくる。

- オークの板材
- オークの階段
- オークのハーフブロック
- オークのトラップドア
- オークの原木
- 樹皮を剥いたオークの原木
- 砂岩
- トウヒの板材

16 柱を立てる。

17 からくりから伸びた石レンガの塀に、風車の羽へとつながるブロックを置く。今回は柱とつなげずに浮かせてつくる。

屋根用の梁もつくる。

・オークの原木
・オークのトラップドア
・ネザライトブロック
・樽

18 屋根をつくる。マングローブと泥レンガのブロックと階段を交互に積む。

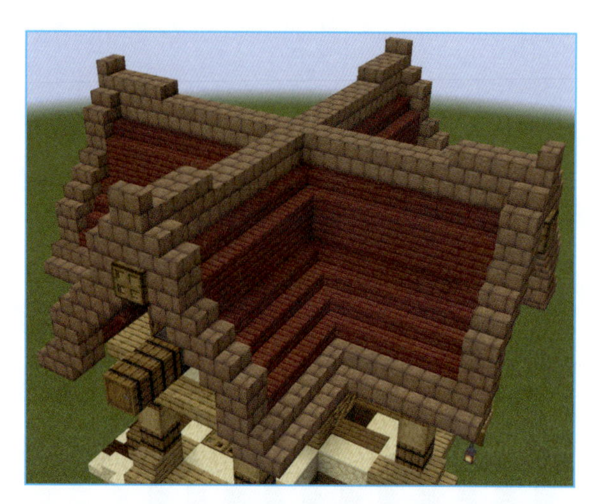

19 上半分の壁を設置する。

・砂岩の塀（壁）
・養蜂箱
・書見台
・トウヒのトラップドア
・トウヒの階段
・トウヒの板材
・養蜂箱
・オークの板材
・ジャングルのトラップドア

マイ うんちく　オランダでは古くから排水用の風車が使われていたよ。

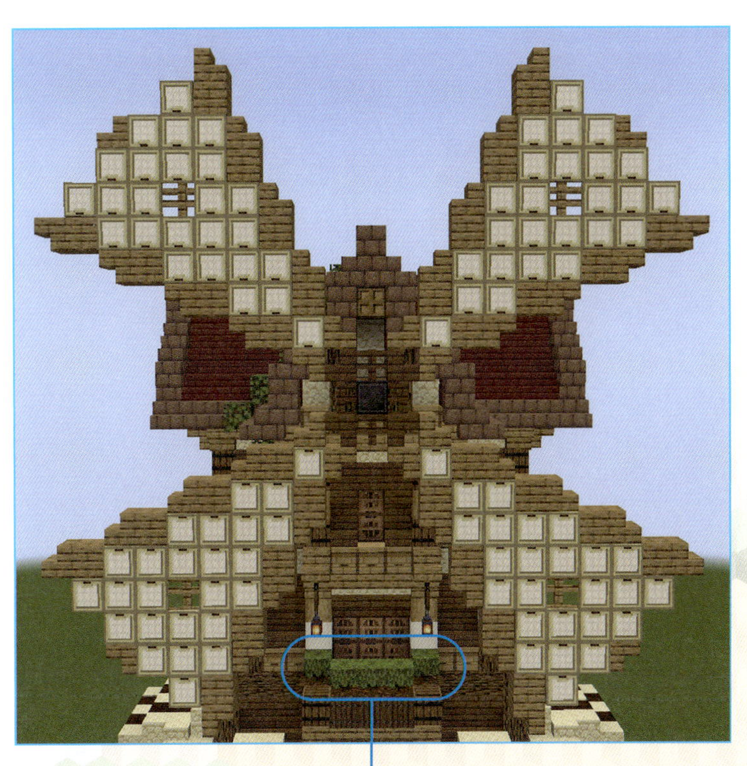

風車の羽をつくる。下の羽2枚ではシラカバのトラップドアを上向きに、上の羽2枚では下向きに設置するのがポイント。

- シラカバのトラップドア
- オークの板材
- オークの階段
- オークのフェンス
- ネザライトブロック
- トウヒの階段
- トウヒのフェンス
- ツツジの葉
- ツツジ

緑（ツツジ、ツツジの葉）も設置する。

マイ うんちく　一般的な風車の羽が3枚なのは、発電効率がよく、安定しているから。

21 写真を参考にして、塔の下半分の壁を設置する

- ジャングルのトラップドア
- ツツジの葉
- 養蜂箱
- 書見台
- トウヒのトラップドア
- トウヒのドア

内装

はしごをくっつけて登れるようにしよう！

- 石レンガの塀（壁）
- はしご
- オークのフェンス
- ランタン
- 砂岩の塀（壁）
- トウヒの階段

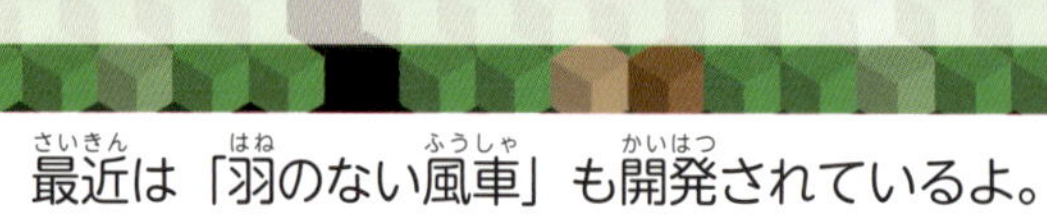

マイ うんちく 最近は「羽のない風車」も開発されているよ。

ミッション

「動物(どうぶつ)と幸(しあわ)せに暮(く)らせる和風(わふう)のまち」をつくろう！

ミッション 3

動物と幸せに暮らせる和風テイストのまち

神社のある和風のまちで、動物といっしに暮らせる……。
そんなすてきなまちから、建築とまちづくりの基本を学んでみよう！

マイクラおじさん
タツナミシュウイチから一言！

身近にあるからこそ、あらためてよーく観察してみよう！

あたりまえにそこに立っているから今まで注意して見ていなかった、それじゃぁもったいないよね！ 和風の建築には、癒されるもの、カッコいいもの、楽しいものなどなど、いろいろな姿をしている多様性を見ることができます。そして中には神域と呼ばれる神々しいものまで！ 文化や歴史を感じる事ができて、動物たちと楽しく暮らせる建物をつくる和風建築士になろう！

マイ うんちく　建物のテイストを統一することで、まち全体に一体感が出る。

マイ うんちく　このまちには公園もある。つくり方は 106 ページから紹介するよ。

STEP 1 和風建築の基礎を知ろう

和風の民家

木造で瓦屋根……。そんな日本伝統の民家をつくり、
和風建築独特の建築方法をマスターしよう！

大きな屋根と、
側面を囲む竹がポイント！

マイ うんちく この建築の屋根は、「入母屋造」と呼ばれている形なんだ。

建物のつくり方

配置図

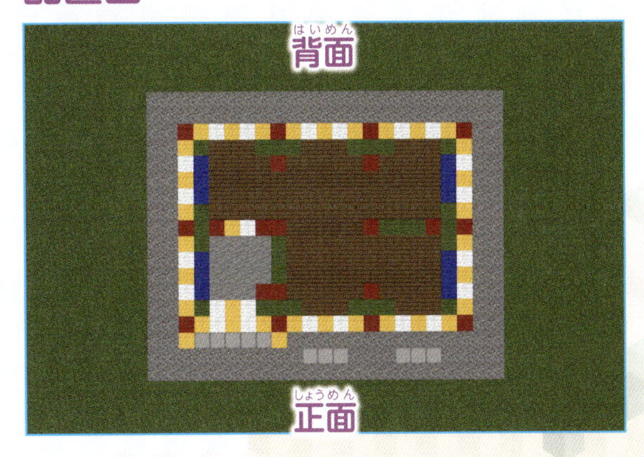

・敷地の大きさ…幅 23 ブロック×奥行 18 ブロック
・建物の大きさ…幅 19 ブロック×奥行 13 ブロック

さまざまな色の羊毛を使って、柱や壁などの位置の目印にしよう！

① 床をつくる

安山岩とトウヒの板材を配置して、床をつくる。

それぞれの配置場所は、上の配置図を参考にしてみよう。

マイ うんちく　配置図を参考にして、最初に羊毛などで地面に目印をつけよう。

② 柱をつくる

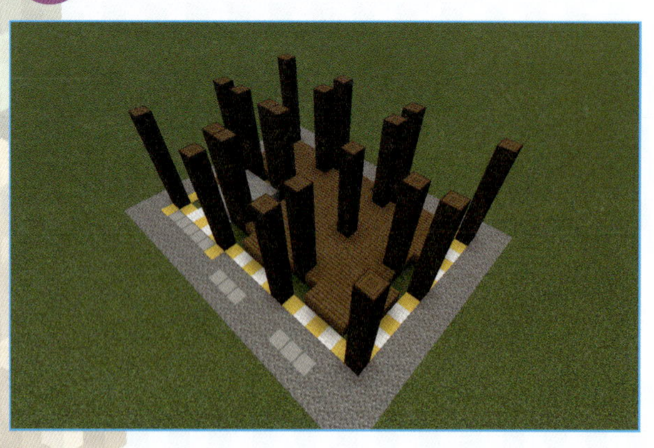

67ページの配置図を参考にして、赤色の羊毛の位置にトウヒの原木を7ブロック積み上げ、柱にする。

③ 梁をつくる

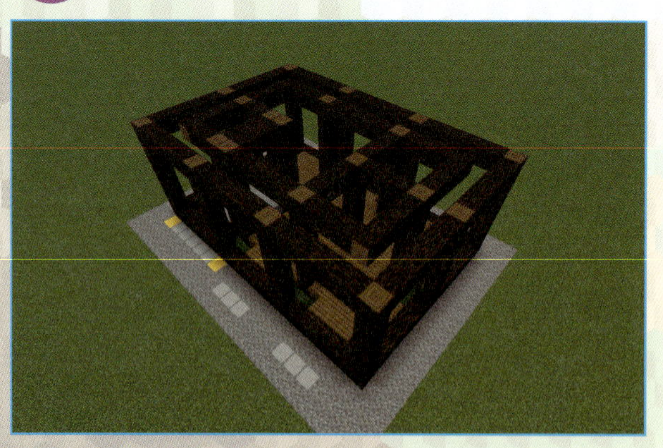

写真を参考にして、トウヒの原木を横向きに設置して、柱を上下でつなぐ。

POINT!

外側の柱と内側の柱はつなげず、外側は外側だけ、内側は内側だけでつなげよう！

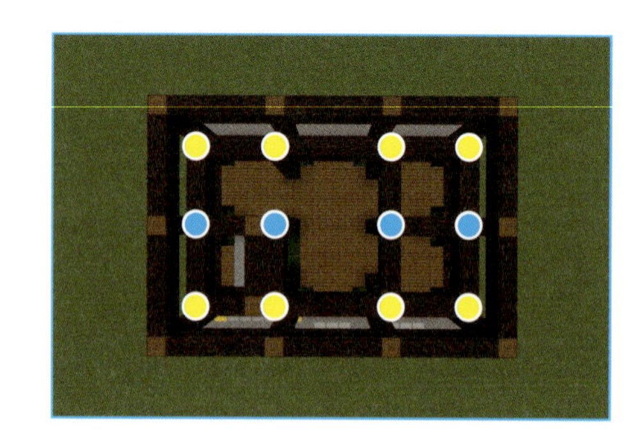

マイ うんちく　「梁」は柱の上に取り付けられる、屋根などの重さを支える部分だよ。

④ 屋根用の柱を伸ばす

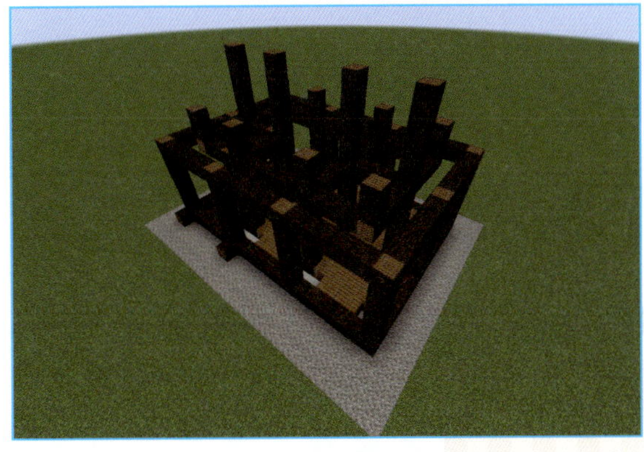

③の「POINT!」の写真にある、青には5ブロック、黄色には2ブロックを積み上げる。

⑤ 屋根用の柱をつなげる

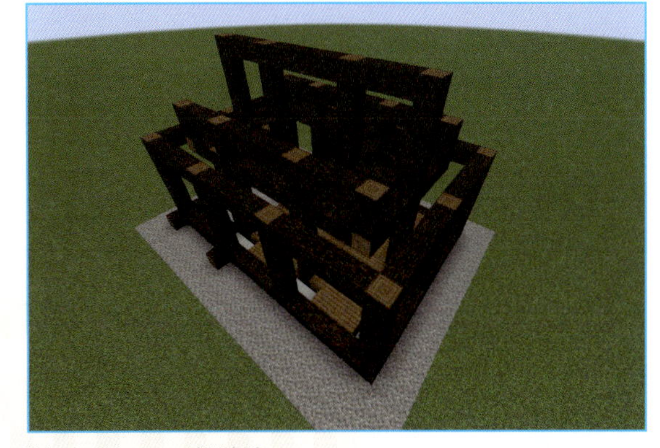

柱を、それぞれ横方向だけにつなげる。

⑥ 棟をつくる

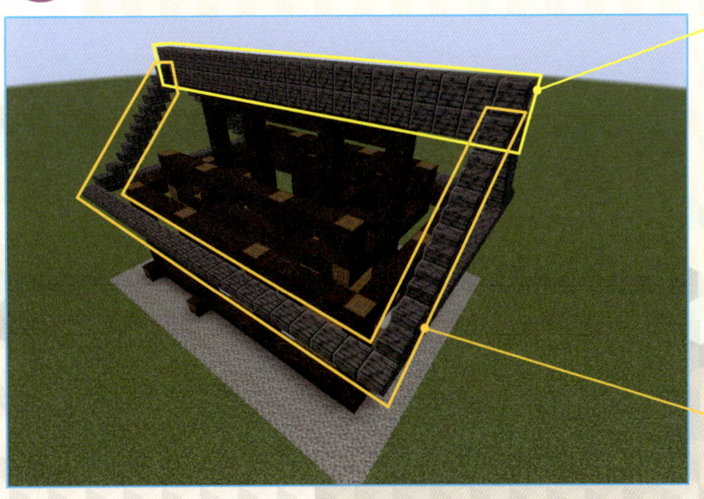

マイ うんちく　「棟」は、屋根でいちばん高く、水平な部分のことだよ。

⑦ 屋根をつくる

・磨かれた深層岩
・磨かれた深層岩のハーフブロック

屋根裏の壁もつくろう

・雪ブロック　・アカシアのフェンス
・アカシアのトラップドア　・ランタン

屋根の下には垂木をつくる

和風の建築では、垂木が屋根を下から支えている。

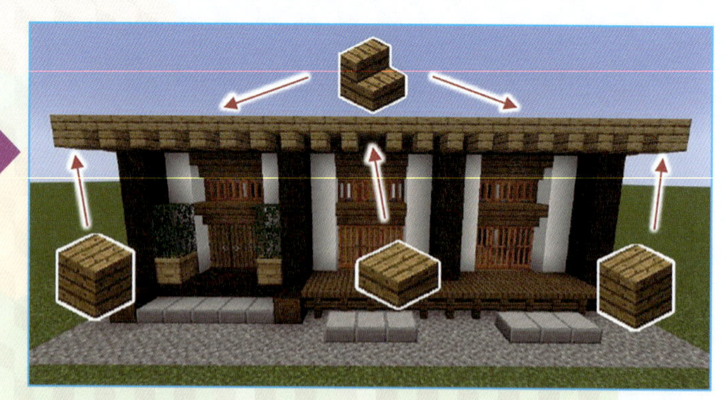

屋根のない状態の垂木。オークの逆さ階段を並べ、端にはオークの板材、中央にオークのハーフブロックを設置する。

マイ うんちく　「垂木」とは、屋根を下から支える構造物のことだよ。

⑧ 壁をつくる

4面ある壁をそれぞれつくる。

側面

・雪ブロック
・トウヒの板材

正面（左側は出入口）

背面

・雪ブロック　・トウヒの階段　・トウヒのドア　・アカシアのドア　・アカシアのトラップドア　・ランタン

マイ うんちく 建物の正面には、玄関や出入口をつくるのを忘れずに！

内装のつくり方

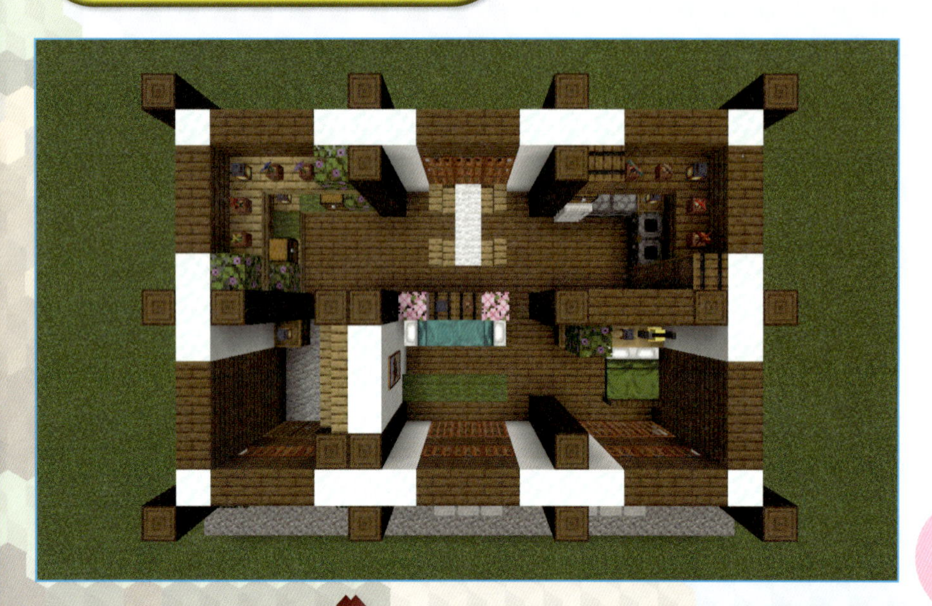

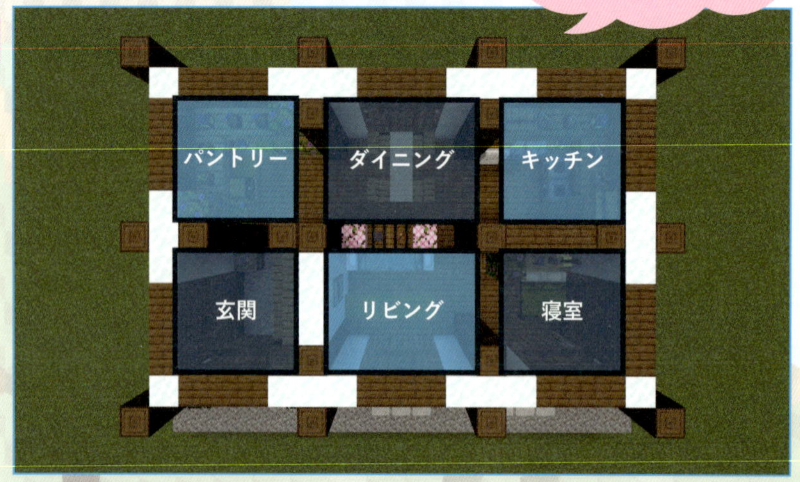

6つの部屋に、
それぞれ役割があるよ！

マイ うんちく 部屋の役割に合わせた内装をつくるようにしよう。

玄関

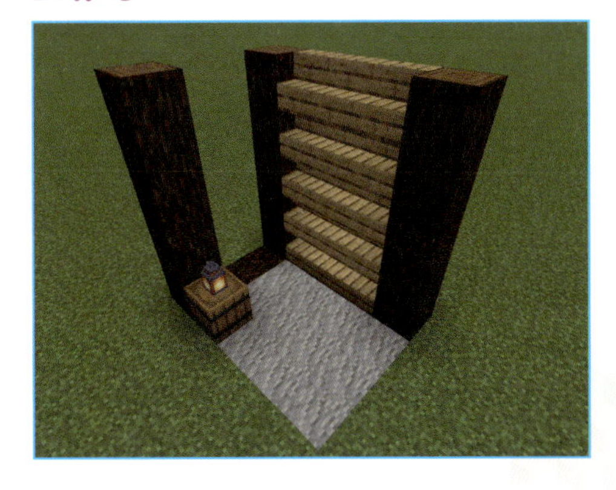

・オークの階段の靴箱
・樽とランタンの光源

キッチン

・トウヒのハーフブロックと樽の壁棚
・ランタンとキノコで装飾
・鉄ブロックと鉄のドアで冷蔵庫
・かまどと燻製機、チェストを設置

パントリー

・オークのハーフブロックとオークの階段でできた棚
・チェストと葉っぱブロック、植木鉢で装飾

マイ うんちく 家の玄関やキッチンには、どんなものがあるかを観察してみよう。

ダイニング

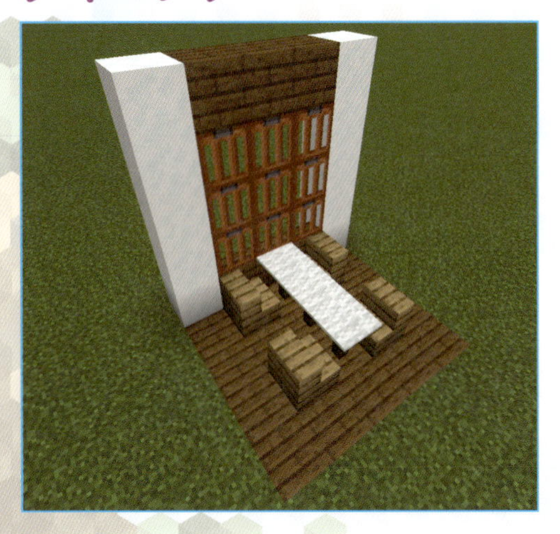

・トウヒのフェンスと白色のカーペットのテーブル
・オークの階段でイスをつくる

リビング

・ソファを部屋の仕切り代わりにする
・ソファはベッド・樽・桜の葉
・トウヒのトラップドア・植木鉢・ランタン
・花で作成・テーブルはトウヒのフェンス
・緑色のカーペットで作成
・1×2サイズの絵画を設置

寝室

・樽・植木鉢・開花したツツジ
・開花したツツジの葉で、部屋の仕切りに
・養蜂箱・ベッド・ランタン
・トウヒのトラップドア・鐘を設置

マイ うんちく 階段ブロックは、イスなどの家具の一部としても使えるよ。

家まわりの装飾

縁側

・トウヒのフェンス
・トウヒのトラップドア
・滑らかな石のハーフブロック

出入口

・養蜂箱
・トウヒの葉
・滑らかな石のハーフブロック

サイドに竹を植えて……

完成！

マイ うんちく まわりに植える植物も、和風テイストのものを選んでみよう。

STEP 2 和風建築の基礎を知ろう

和風の馬小屋

昔から人間のサポート役でもあった馬が
快適に過ごせるような馬小屋をつくろう！

馬も人間も
過ごしやすい小屋だよ！

マイ うんちく　競走馬を飼育する馬小屋は、「厩舎」と呼ばれているんだ。

建物のつくり方

配置図

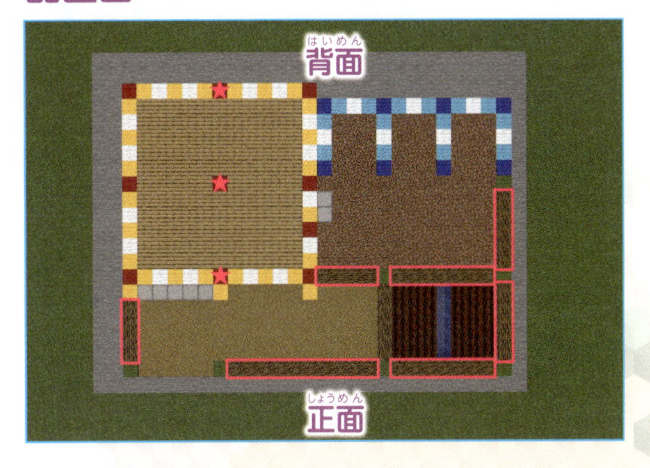

・敷地の大きさ…
幅 29 ブロック×奥行 22 ブロック
赤枠で囲んだ部分の地面には、
オークの原木を埋めておく。

① 床をつくる

上の配置図にある白と黄色の羊毛で囲まれた部分に、オークの板材を配置する。

② 柱をつくる

配置図にある赤色の羊毛のうち、中央は 9 ブロック、そのほかは 6 ブロック分のオークの原木を積み上げる。

マイ うんちく 今回は、建物の真ん中にも柱をつくるよ。

③ 梁をつくる

オークの原木を使い、写真のように上下でそれぞれつなげる。

④ 棟→屋根をつくる

- 凝灰岩
- 凝灰岩のハーフブロック
- 凝灰岩の塀

屋根裏の壁

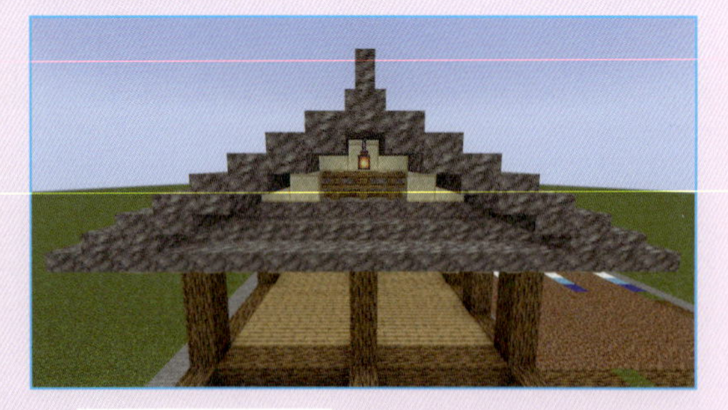

- 研がれた砂岩
- オークのフェンス
- ランタン

屋根の下に垂木をつくる

- シラカバの板材
- シラカバの階段
- シラカバのハーフブロック

マイ うんちく 高くした柱に棟を置き、屋根をつくるよ。

⑤ 壁をつくる

正面（左半分が玄関）

・研がれた砂岩　・オークのフェンス
・オークの階段　・オークのドア

側面（正面向かって左側）

・研がれた砂岩
・オークのフェンス

背面

・研がれた砂岩
・オークのフェンス

側面（正面向かって右側）

〈左半分（馬小屋出入口）〉　・オークのフェンス
・オークの階段　・オークのドア
〈右半分〉　・研がれた砂岩

マイ うんちく　垂木を等間隔で配置することを「垂木割り」というんだ。

内装(ないそう)のつくり方(かた)

3つの部屋(へや)に分(わ)けてつくるよ。

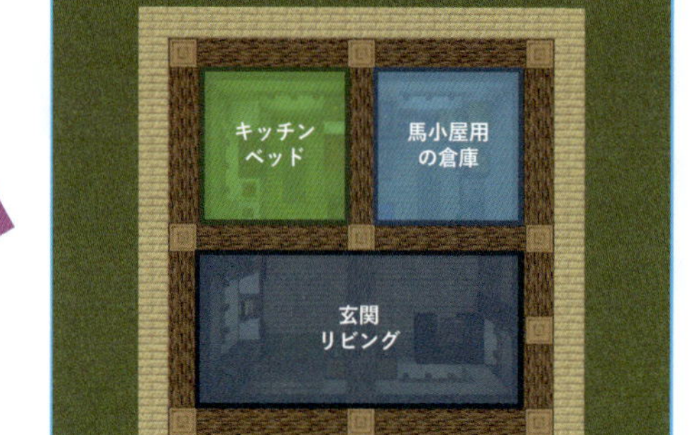

馬小屋用(うまごやよう)の倉庫(そうこ)

・樽(たる)と干草(ほしくさ)の俵(たわら)の山(やま)や、大釜(おおがま)、レバーの水道(すいどう)を配置(はいち)
・トウヒのテーブルやツボなどで装飾(そうしょく)

マイ うんちく 今回(こんかい)の馬小屋(うまごや)では、建物内(たてものない)で人間(にんげん)が休(やす)めるようになっている。

玄関・リビング

・テーブルやチェストを設置
・ランタンは柱にぶら下げている

実際はこのように
柱がある部屋だよ。

キッチン・ベッド

・2段ベッドにしている
・上ベッドのすぐ下には、
トウヒのトラップドアがある

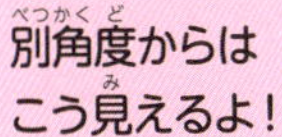

別角度からは
こう見えるよ！

マイ うんちく　テーブルなどを置くと、生活している空間のような雰囲気になる。

外の装飾のつくり方

正面

- 滑らかな石のハーフブロック
- 干草の俵
- トウヒの葉

側面

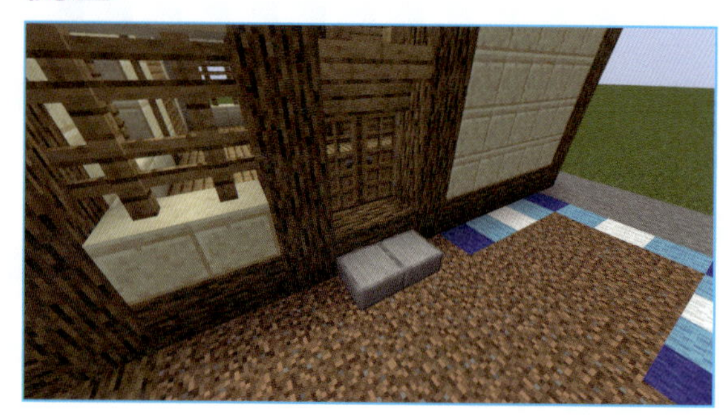

- 滑らかな石のハーフブロック

完成！

次は建物の外の部分をつくっていくよ！

マイ うんちく 馬に必要なものを置くことで、馬小屋っぽい雰囲気が出るよ。

建物の外の部分のつくり方

馬小屋

① 柱をつくる

31ページの配置図にある、青色と緑色の羊毛の位置に、オークの原木で柱をつくる。

〈柱の高さ〉
・青色の羊毛の位置は、4ブロック分
・緑色の羊毛の位置は、1ブロック分

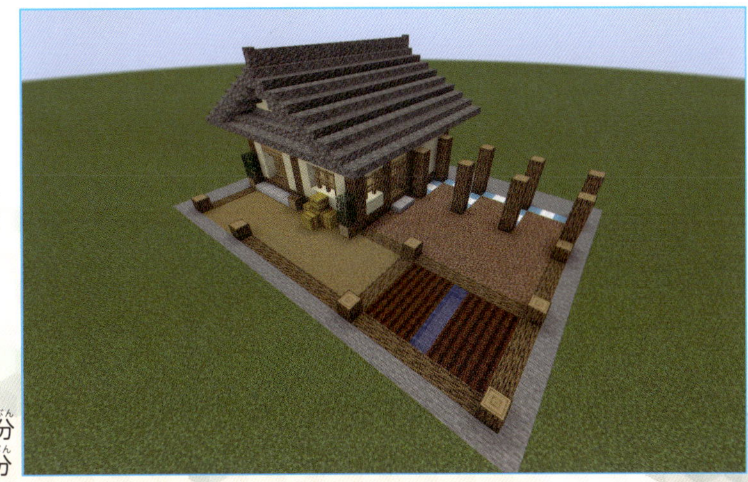

② 梁をつくる

柱同士をつなげ、梁にする。

③ 屋根をつくる

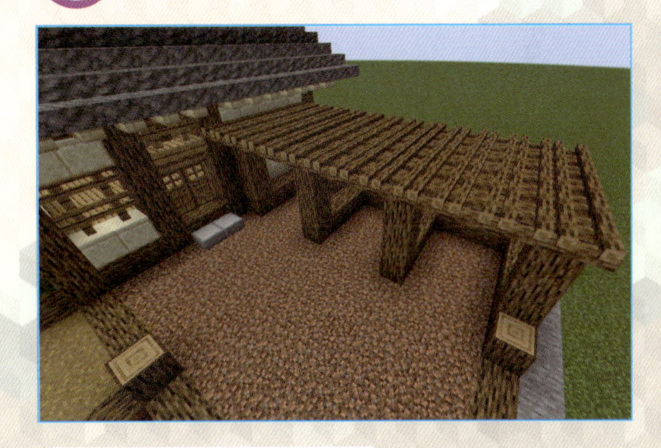

・焚き火（火を消したもの）

マイ うんちく 馬小屋も建物同様に柱→梁→屋根→壁の順で建てていくよ。

④ 背面・家側の壁をつくる

奥と左側の壁（矢印部分）には、オークの板材を設置する。

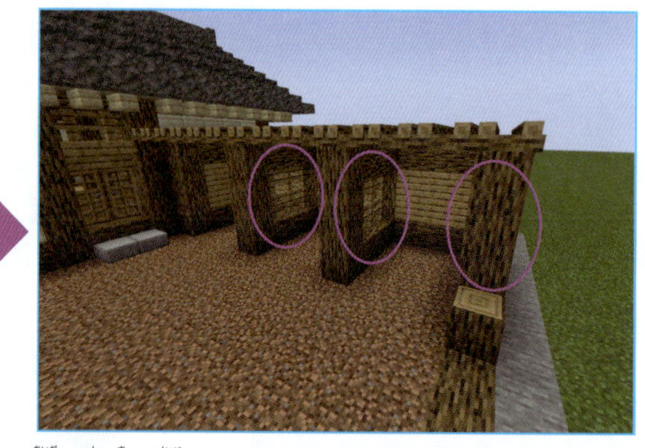

間の仕切り壁（○のついているところ）には、オークのフェンスを設置する。

⑤ 装飾する

大釜（水を入れる）と干草の俵を設置する。

オークのフェンスと、オークのフェンスゲートを組み合わせて装飾する。

完成！

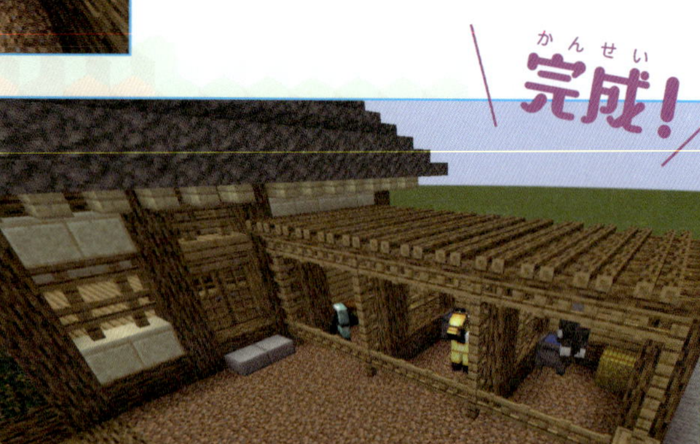

馬を連れてきたら……

マイ うんちく 壁にオークのフェンスを使うことで、通気性のよさを表現しているよ。

囲い・畑など

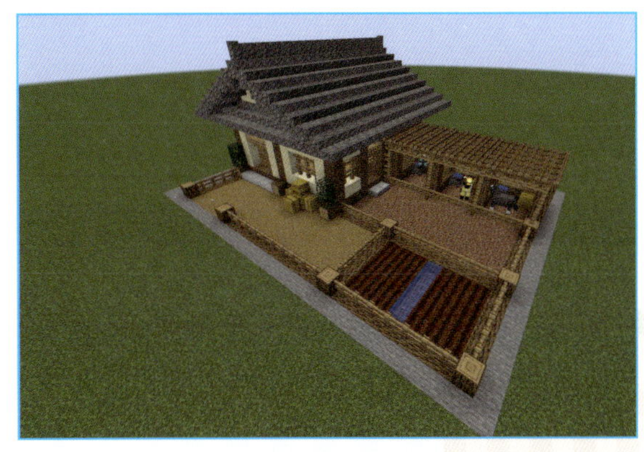

77ページの配置図の緑色の部分に、オークの原木を置いて柱にする。その柱の間に、オークのフェンスとオークのフェンスゲートを設置する。

下の写真の桜のフェンスゲートの位置にオークのフェンスゲートを置き、ほかはオークのフェンスを置くよ。

オークの原木の柱の上に、凝灰岩レンガの塀とランタンを設置して光源にする。

畑に小麦を植える。

マイ うんちく　燕麦（オーツ麦）は、馬の飼料用として使われている麦なんだ。

STEP 3 和風建築をアレンジしよう

和風のネコカフェ

身近な動物であるネコと人間が、
幸せに過ごせるようなネコカフェを目指してみよう！

2階建てのネコカフェを
つくってみよう！

マイ うんちく この建築を基本にすれば、さまざまな動物カフェがつくれるよ。

建物のつくり方

配置図

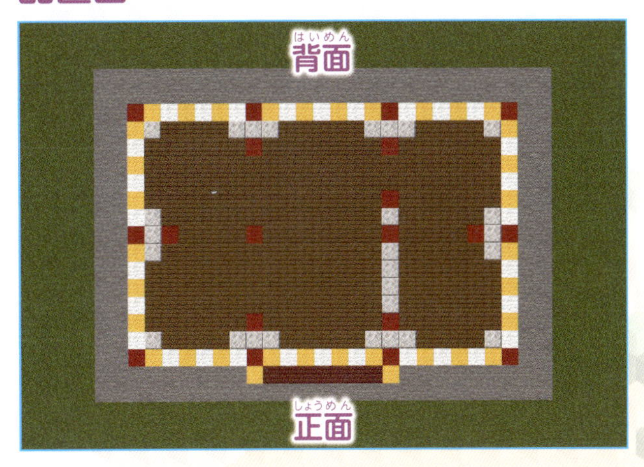

・敷地の大きさ…幅 27 ブロック×奥行 19 ブロック

① 床をつくる

上の配置図を参考にして、トウヒの板材を置く。

② 柱をつくる

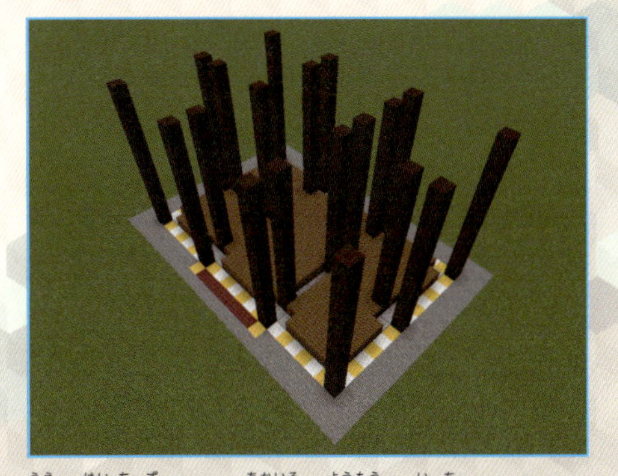

上の配置図にある赤色の羊毛の位置に、ダークオークの原木をそれぞれ 12 ブロック積み重ねる。

マイ うんちく 実際のネコカフェでは、ネコは脱走防止のために奥のほうの部屋にいる。

③ 梁をつくる

外側の柱と内側の柱はつなげず、外側は外側だけ、内側は内側だけでつなげて梁にする。

POINT!

建物の左に積んだ目安のブロックのうち、レッドストーンブロックの位置に梁をつくろう。

④ 屋根の柱をつくる

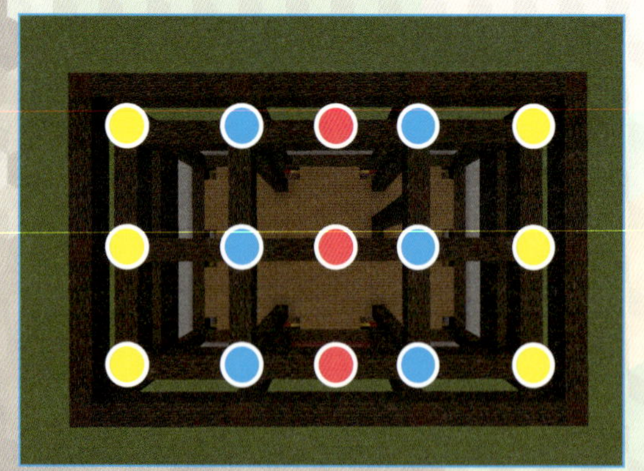

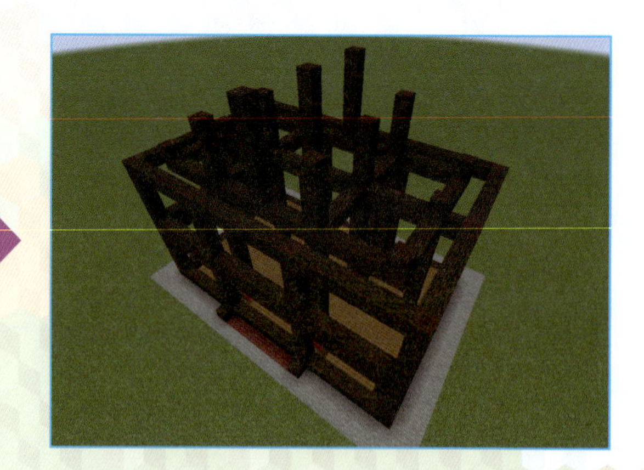

黄色の部分には1ブロック、青には４ブロック、赤には６ブロックを追加で積み重ねる。

マイ うんちく ２階にも部屋をつくるため、屋根用の柱は高めになっているよ。

⑤ 屋根の柱をつなげる

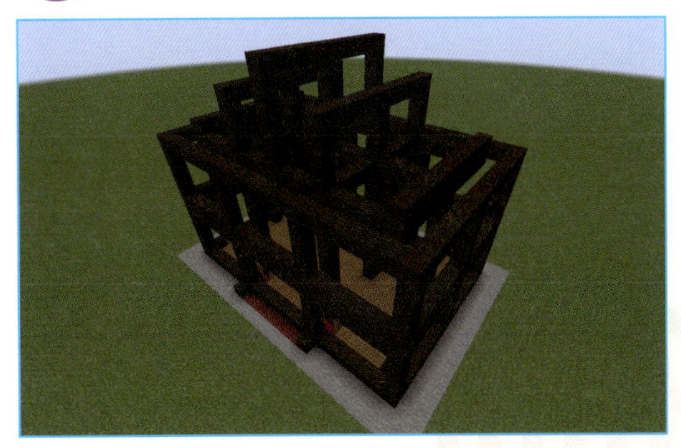

正面から背面に向かって５列になるようにつなぐ。

これが屋根を支える部分になるんだよ！

⑥ 棟をつくる

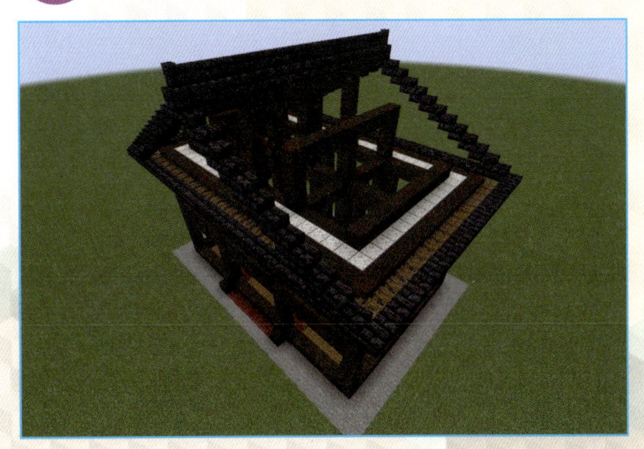

・磨かれたブラックストーンレンガ
・磨かれたブラックストーンレンガのハーフブロック
・磨かれたブラックストーンレンガの塀

マイ うんちく　ハーフブロックや塀など、さまざまな形のブロックを組み合わせよう。

⑦ 屋根をつくる

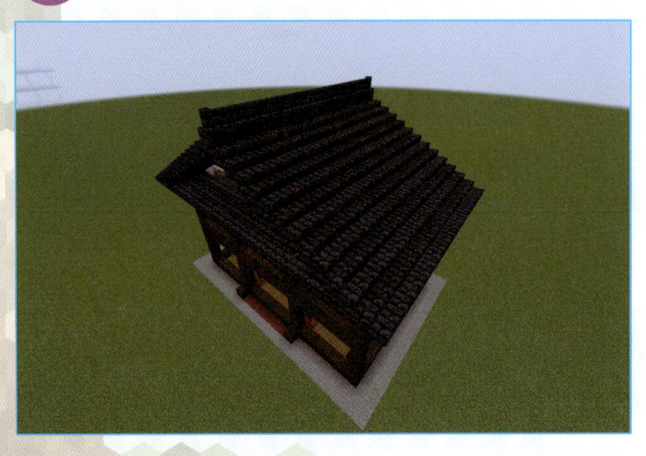

・磨かれたブラックストーンレンガ
・磨かれたブラックストーンレンガのハーフブロック
・磨かれたブラックストーンレンガの塀

屋根裏の壁

屋根の下の垂木は、火を消した焚き火でつくる。

・磨かれた閃緑岩
・トウヒの階段
・マングローブのフェンス

マイ うんちく 焚き火は、シャベルを持って右クリック（タップ）をすると消せるよ。

⑧ 壁をつくる

正面

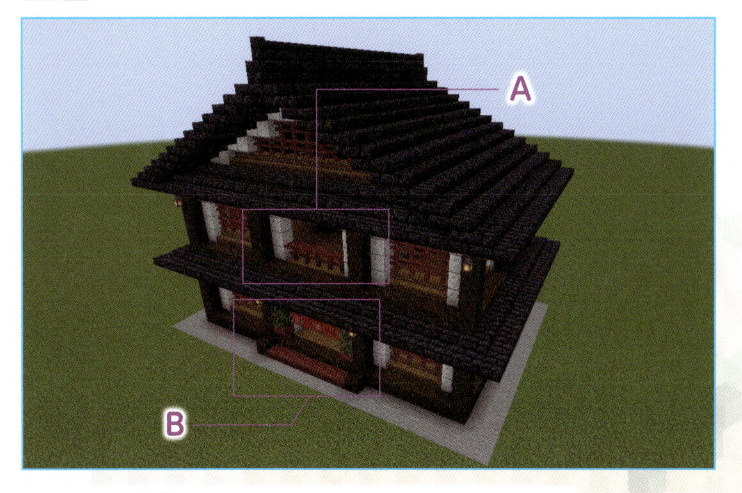

・トウヒの階段　・マングローブのフェンス　・ランタン

側面

背面

正面のA（2階ベランダ）

・マングローブのフェンス
・マングローブのフェンスゲート
・マングローブのトラップドア

正面のB（出入口）

・マングローブのフェンス
・マングローブのハーフブロック
・マングローブの階段
・オークの葉

赤い旗を加工すればのれんもつくれる！

マイ うんちく　のれんをつけると、和風のお店の雰囲気を出せるんだ。

内装（1階）のつくり方

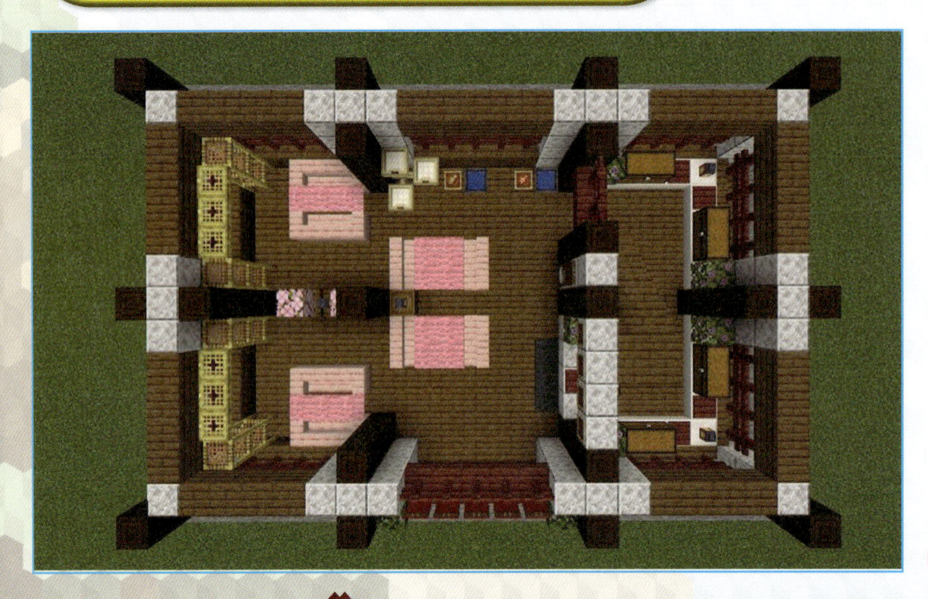

2つの部屋に分かれているよ！

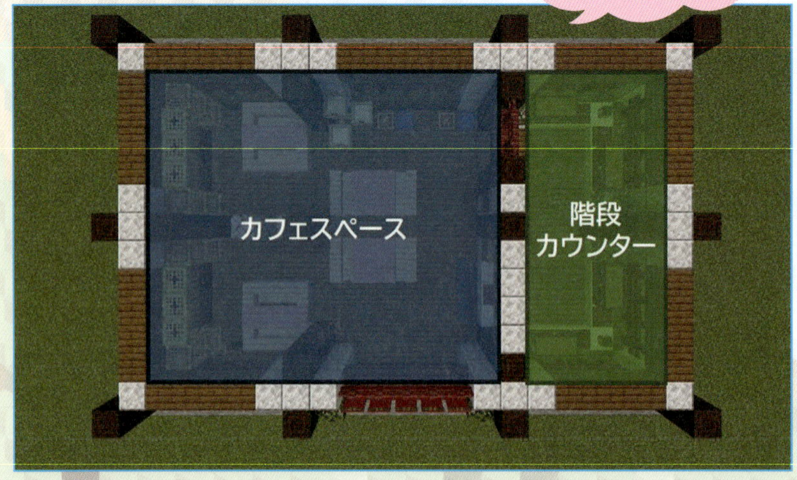

マイ うんちく　2階建て以上の建築では、階段やエレベーターが必要だよ。

カフェスペース

薄灰色の旗を加工すれば、
コーヒーの旗ができる！

桜のイスとテーブル、ネコたちの遊具を設置する。

階段・カウンター

ここから
2階に行けるよ！

トウヒの階段がメインになっている部屋。

マイ うんちく 階段をつくる場合、階段用の部屋をつくるようにしよう。

内装（2階）のつくり方

1階から続く階段スペースのほかに、2つの部屋があるよ！

キッチン倉庫

猫さんの休憩スペース

階段

階段

1階の階段を上ると、ここにやってくるよ。

マイ うんちく 2階以上の階層にも、階段を置くスペースを設けよう。

ネコの休憩スペース

反対方向から見ると、こんな感じ！

1階と同じように、ネコたちの遊具を設置する。

キッチン・倉庫

反対方向には、エサづくり用のキッチンが！

ネコのエサなどを保管しているイメージで作成。

マイ うんちく ネコに必要なものを考え、設置してみよう！

STEP 4 本格的な和風建築にチャレンジしよう

神社

和風のまちに欠かせないのが神社。
ここではエンダードラゴンを守り神とした神社をつくろう！

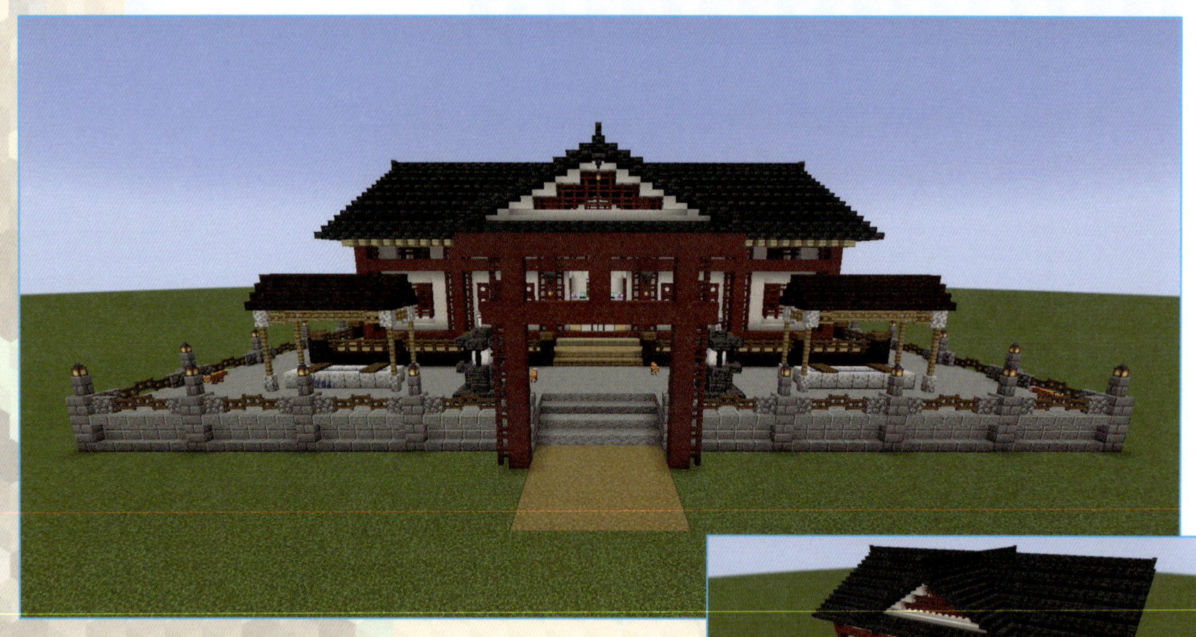

ふつうの建築にはない、神社ならではの装飾を楽しもう！

マイ うんちく 神社建築の様式には、「神明造」「大社造」「住吉造」などがあるよ。

建物まわりのつくり方

配置図

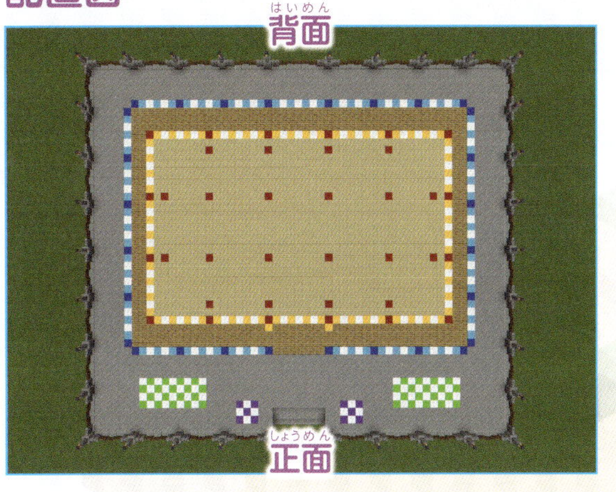

・敷地の大きさ（安山岩）…
幅 57 ブロック×奥行 49 ブロック

・建物の土台部分の大きさ（青色と白色の羊毛）…
幅 47 ブロック×奥行 3 ブロック 3

・建物の大きさ（黄色と白色の羊毛）…
幅 41 ブロック×奥行 25 ブロック

まずは、建物のまわりの
安山岩の部分からつくっていくよ！

① 神社の土台を作る

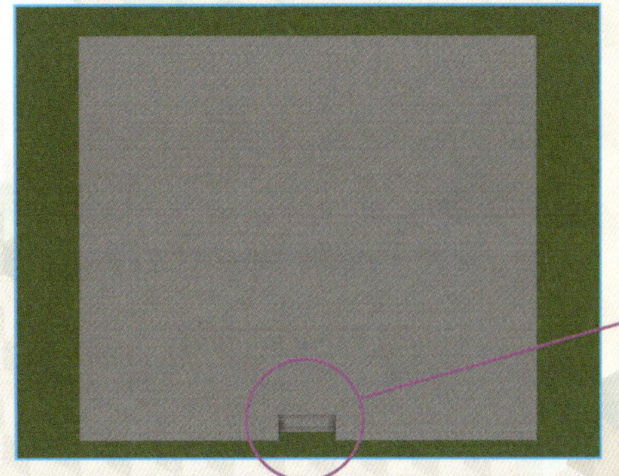

安山岩を敷き詰める(幅 55 ブロック・奥行 47 ブロック・高さ 2 ブロック)。

敷地図の下側は出入口になるので、安山岩と安山岩のハーフブロックで階段状にしておこう。

② 塀をつくる

真上から見ると
こんな感じ！

石レンガの塀をつくり、①でつくった土台を囲む。

塀の１パーツ

入口部分

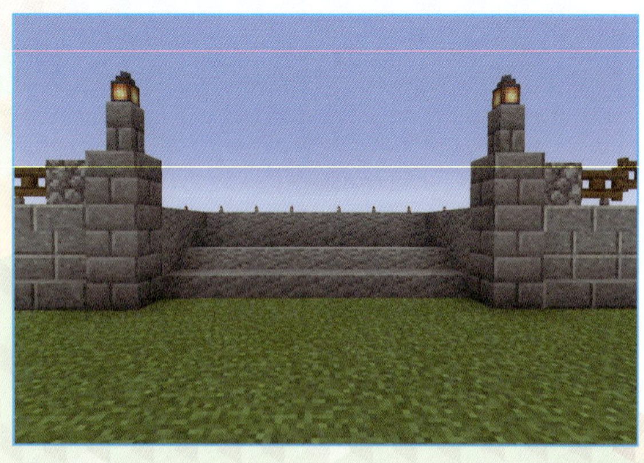

・石レンガの塀　・石レンガ　・磨かれた安山岩の階段　・丸石の塀　・トウヒのフェンスゲート　・ランタン

マイ うんちく　「狛犬」は架空の動物で、邪気をはらって神様のまわりを守っているんだ。

③ 灯籠をつくる

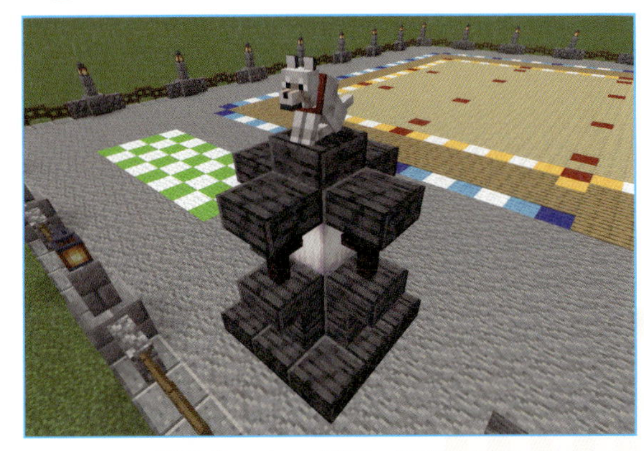

43ページの配置図にある、紫色と白色の羊毛の位置に灯籠をつくり、狛犬（オオカミ）をのせる。

・磨かれた深層岩　・磨かれた深層岩の階段
・磨かれた深層岩のハーフブロック　・フロッグライト
・ネザーレンガのフェンス

正面から見ると、こんな感じ！

④ 手水舎をつくる

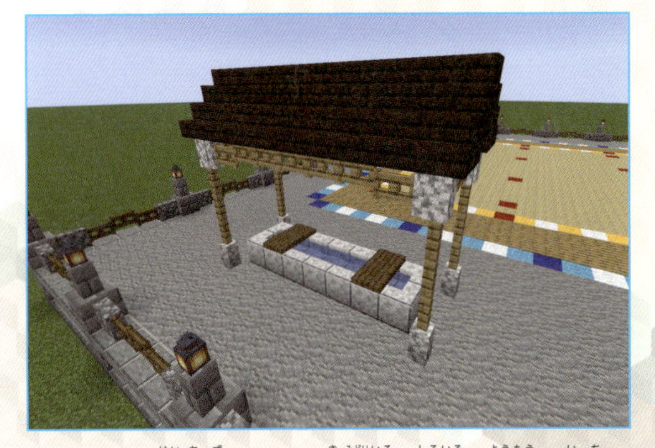

43ページの配置図にある、黄緑色と白色の羊毛の位置に手水舎をつくる。

・ダークオークの階段　・閃緑岩の塀
・閃緑岩の階段（＋水）　・オークのフェンス
・オークのフェンスゲート　・トウヒのトラップドア

正面から見た状態も参考にしよう！

マイ うんちく　「手水舎」は、神社やお寺で手や口を水で清める場所だよ。

⑤ 鳥居をつくる

入口前につくろう！

・樹皮を剥いだマングローブの木
・マングローブのフェンス

⑥ 塀をつくり、まわりを囲む

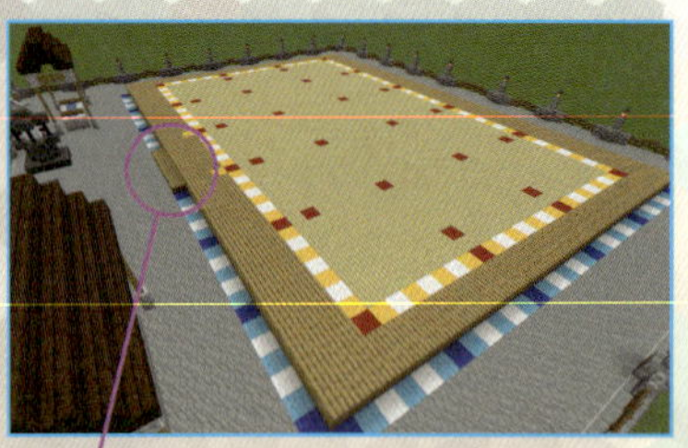

出入口

敷地は、オークの木材を1ブロック分高く積み上げる。また、出入口部分は、オークのハーフブロックで階段にする。

97ページの敷地図にある青色と白色の羊毛の位置を塀で囲む。

塀の1パーツ

・トウヒの原木
・トウヒのハーフブロック
・トウヒのフェンス

マイ うんちく 鳥居は、神様の住む領域と人間が住む世界の区切りを示しているんだ。

建物のつくり方

① 床をつくる

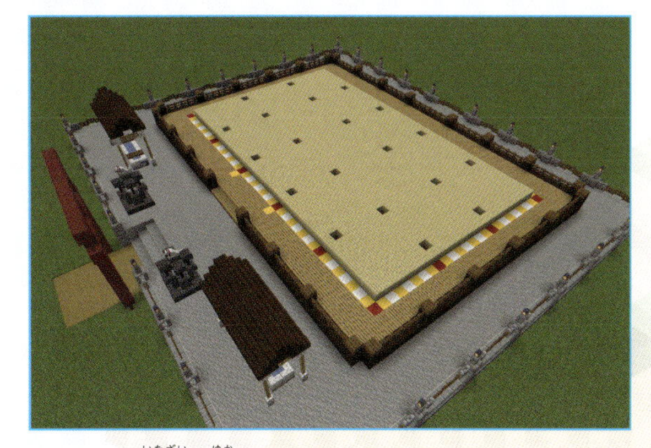

シラカバの板材で床をつくる。

② 柱をつくる

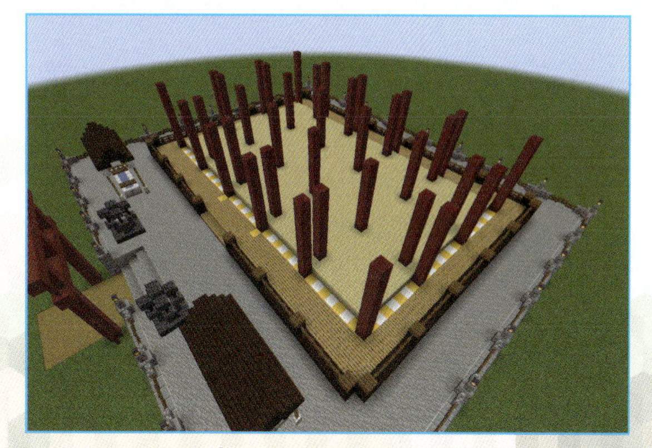

97ページの配置図にある赤色の羊毛の位置に、樹皮を剥いだマングローブの原木を、9ブロックずつ積み上げる。

③ 梁をつくる

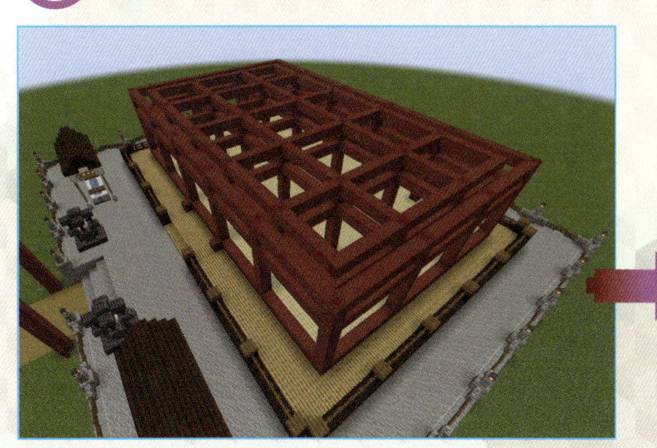

柱の一番上のブロック・上から3番目のブロック・一番下のブロックを、それぞれつなげる（内装の柱については、一番下のブロックはつながない）。

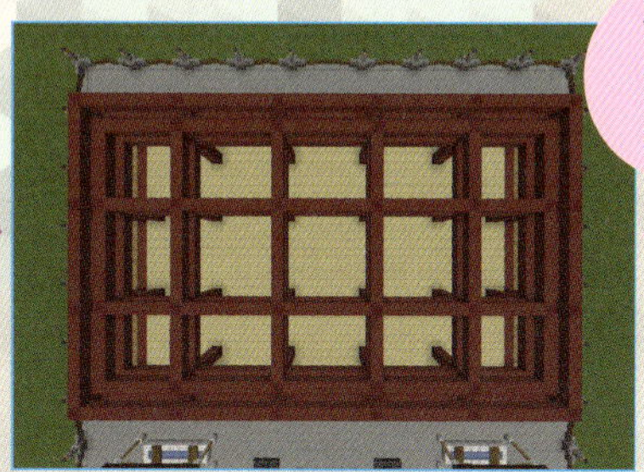

外装と内装の柱はつながず、それぞれでつなげる。

マイ うんちく　マングローブの原木の色は、神社のイメージにぴったりだ！

④ 屋根用の柱をつくる

斜め上から見ると、こんな感じ！

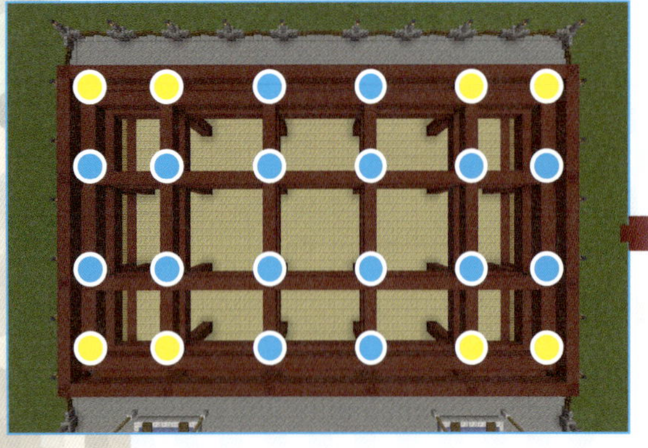

黄色のところは１ブロック、青のところは４ブロックの高さでつくる。

⑤ 棟をつくる

・深層岩タイル
・深層岩タイルのハーフブロック
・深層岩タイルの塀

マイ うんちく　金沢市の尾山神社には、ステンドグラスをはめ込んだ門があるよ。

⑥ 屋根をつくる

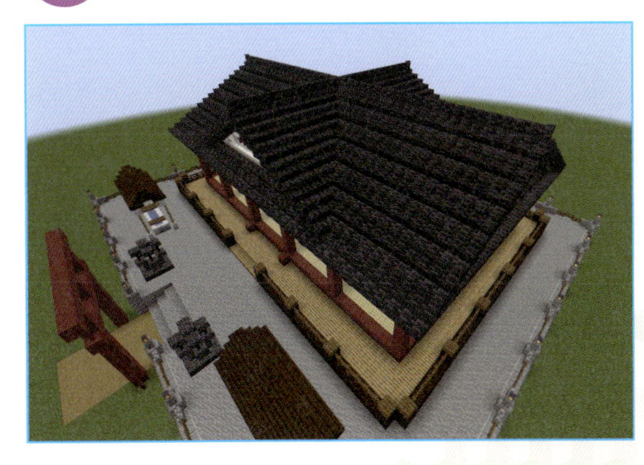

・深層岩タイル
・深層岩タイルのハーフブロック
・深層岩タイルの塀

正面・背面

・クオーツ
・クオーツの階段
・マングローブのフェンス
・ランタン
・ホッパー

側面

屋根の内側に垂木をつくる

・シラカバの板材　・シラカバのハーフブロック
・シラカバの階段

鐘と鎖をぶら下げられるように、中央をシラカバの板材にしているよ。

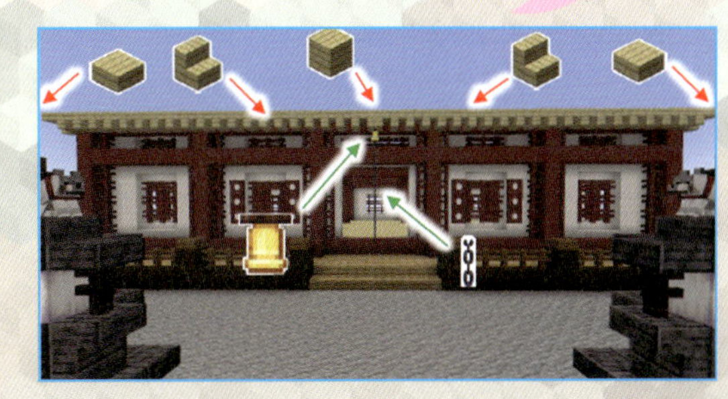

マイ うんちく　伊勢神宮の屋根は、ススキなどを使った「萱葺き」でできているよ。

⑦ 壁をつくる

2つのタイプの窓のデザインを組み合わせる。

- 樹皮を剥いたマングローブの原木
- マングローブのフェンス
- マングローブのトラップドア
- クオーツブロック
- クオーツの階段

側面（正面向かって左側）

背面

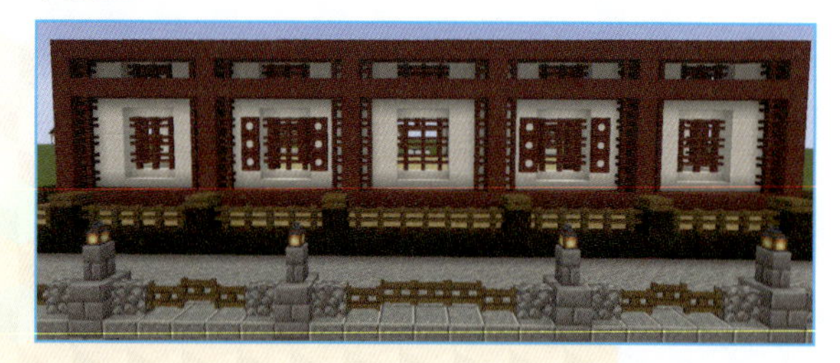

側面（正面向かって右側）

正面

マイ うんちく 壁に2タイプのデザインを組み合わせることで、カッコよさがアップ！

内装のつくり方

御社殿

御社殿の奥には、エンダードラゴンをまつっているよ！

さい銭箱

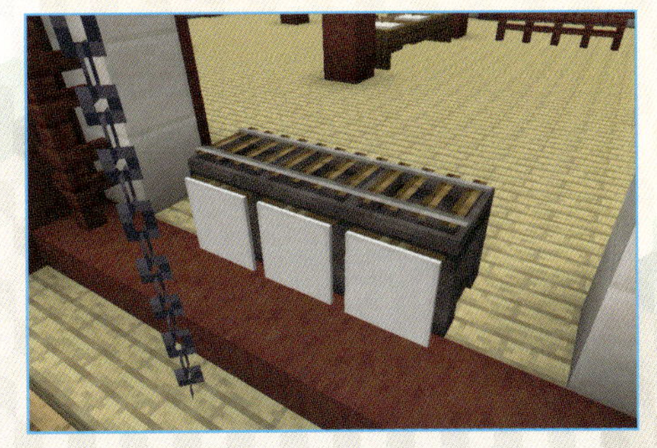

- 大釜
- 白色の旗
- 線路

神社の鈴

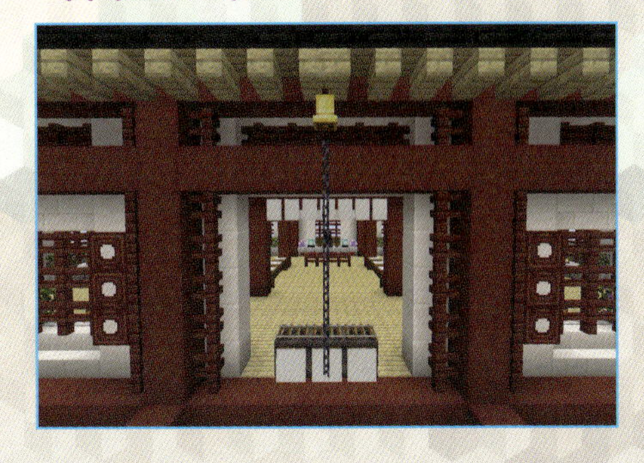

マイ うんちく　神社の中で、神様にお参りする場所を「拝殿」ともいうよ。

コラム

屋台のある公園をつくろう！

まちづくりに欠かせない公園をつくってみよう！

水飲み場

- 磨かれた安山岩
- 磨かれた安山岩の階段（+水）
- 砥石
- 滑らかな石のハーフブロック
- レバー
- 空色の色付きガラス板

門

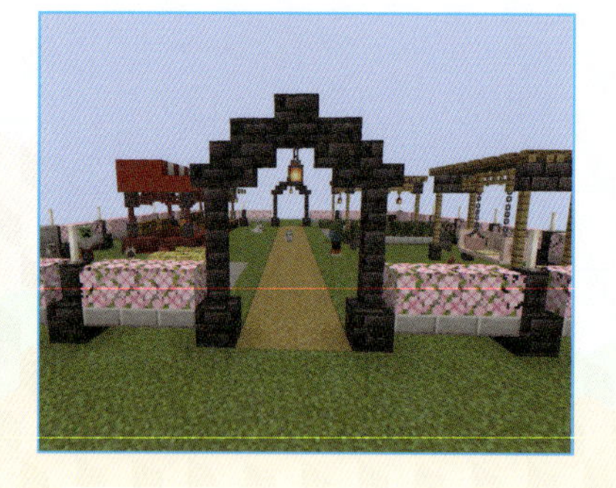

- 深層岩タイル
- 深層岩タイルの塀
- 深層岩タイルの階段
- 深層岩タイルのハーフブロック
- ランタン

テーブル・イス

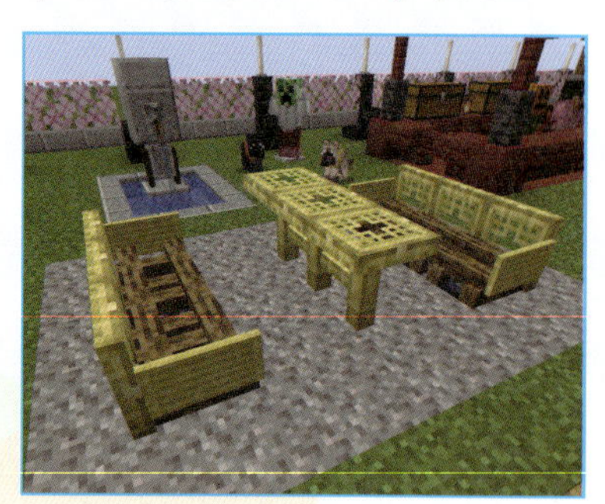

- 焚き火（火を消したもの）
- 竹のフェンス
- 竹のトラップドア
- 竹の看板

マイ うんちく　奈良県の奈良公園では、野生のシカが過ごしているよ。

ブランコ

- 焚き火（火を消したもの）
- 深層岩レンガの塀
- オークのフェンス
- オークのフェンスゲート
- 鎖
- 桜の看板
- 桜のトラップドア
- シラカバの感圧版

屋根付きテーブル

- 焚き火（火を消したもの）
- 深層岩レンガの塀
- オークのフェンス
- オークのフェンスゲート
- オークの葉
- ランタン
- 樽（テーブル中央）
- トウヒの階段
- シラカバの感圧版
- 竹のトラップドア
- 竹の看板

マイ うんちく 公園の２つの門をつなぐ道もつくろう。

屋台

敷地図

床部分はトウヒのブロックで埋めよう。

・敷地の大きさ
…幅７ブロック×奥行６ブロック

背面

床

正面

① 床の縁を囲む

トウヒの原木を、床を囲むように埋め込む。赤色の羊毛の位置には、1ブロック分積み上げる。

② 囲みをつくって装飾する

トウヒの逆さ階段で囲む。出入口として、トウヒのフェンスゲートを２か所（○のところ）に設置する。

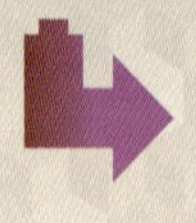

チェストとランタンを設置し、店員を連れてこよう。

③ 屋根をつくる

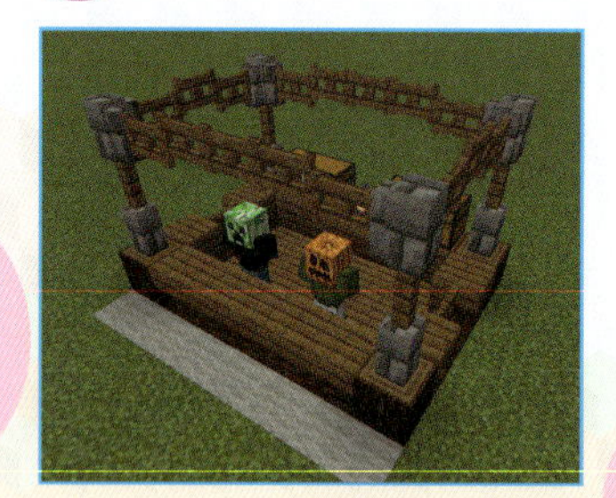

・凝灰岩レンガの塀
・トウヒのフェンス
・トウヒのフェンスゲート

奥の３ブロックの高さは２段にしよう。

・緑色の羊毛
・白色の羊毛
・ダークプリズマリンのハーフブロック
・クオーツのハーフブロック
ランタン

マイ うんちく 木材や羊毛の種類を変えれば、いろんなタイプの屋台がつくれる！

ミッション

たてもの＆まちづくりで Minecraft(マインクラフト)カップにチャレンジ！

ミッション 4

「Minecraft カップ」とは？

国内だけでなく、海外からもたくさんの応募が集まる「Minecraft カップ」。
いったいどんな大会なんだろう？

どんな大会なの？

学校教育の現場でも使われている「教育版マインクラフト」でつくられた作品の大会だよ。

「教育版マインクラフト」で、プログラミングやデジタルなものづくりにチャレンジ！

部門によっては個人参加もOK。よかったら仲間を集めてチームで参加してみよう！

Minecraft カップについては、公式サイトをチェックしよう。下記の URL や右の QR コードからアクセスできるよ！

Minecraft カップ公式サイト
https://minecraftcup.com/

マイ うんちく Minecraft カップは多くのパートナーとともに運営されている。

これまでの大会

2019年に開始し、2024年で6回目の開催になるMinecraftカップの、これまでのテーマを見てみよう。

第1回（2019年） スポーツ施設のある僕・私の街

第2回（2020年） 未来の学校 ～ひとりひとりが可能性に挑戦できる場所～

第3回（2021年） SDGs時代のみんなの家、未来のまち

第4回（2022年） 生き物と人と自然がつながる家・まち ～生物多様性を守ろう～

第5回（2023年） 誰もが元気に安心して暮らせる持続可能な社会 ～クリーンエネルギーで住み続けられるまち～

第6回（2024年）

Well-beingをデザインしよう

未来を楽しむために、
今できることを考えてみよう

「心地よく、楽しく安全に、“幸せ”に過ごすこと」を意味するWell-being。未来も“幸せ”に過ごせるように、「今の自分には何ができるか」を考え、「まちづくり部門」と「たてもの部門」のどちらかにチャレンジ！

たてもの部門画像提供：2025年日本国際博覧会協会

マイ うんちく Minecraftカップのコンセプトは「ひとりひとりが可能性に挑戦できる場所」。

ミッション 4

受賞作ができるまで
① CoderDojo 池田石橋のみなさん

宇宙人にもやさしいまちを、CoderDojo 池田石橋のみなさんはどのようにつくったのかな？

第5回全国大会・ジュニア部門 最優秀賞

作品名 宇宙人も、すべての人も、みんなが住みやすい！ みんな・なかまシティ＋自家発電ゆうえんち☆

チーム名 CoderDojo 池田石橋

宇宙人も住みやすいまちと、惑星をめぐるジェットコースター！

ジェットコースターでは、各惑星を通過するたびに星の説明の文字が浮かぶ！

 マイ うんちく CoderDojo 池田石橋「宇宙人は多様性の象徴として登場しています」

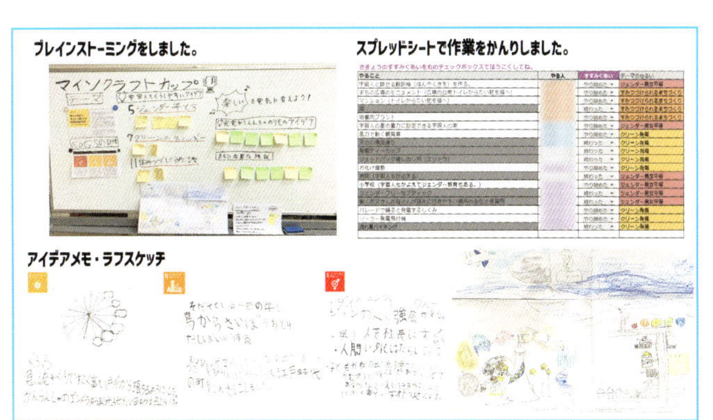

やりたいことで役割分担！

3人それぞれで調べものをしてから、みんなでアイデア出しをして、やりたいことを選ぶ形で役割分担をしました。

チームルームやスプレッドシートなどで、作業の進み具合を報告していました。

調べものからアイデアが！

インターネットや図書館の本で調べものをして、光防虫の方法や、今まで知らなかった発電方法を知ることができました。

遊園地のイメージは、『びっくりゆうえんち』という絵本を参考にしています！

Code Builder を活用！

Code Builder をうまく活用して、宇宙人の家や無重力装置、培養肉プラントなど、いろんなものをつくりました。

コマンドブロックは宇宙語の翻訳装置などをつくるのに使っています。

ミッション4

受賞作ができるまで
②チームやつきたのみなさん

地球から移住するための宇宙都市をつくるための、
チームやつきたのみなさんの工夫を見てみよう！

第5回全国大会・ミドル部門 **最優秀賞**

作品名 宇宙都市 エイト・ノース
～サステナブルな未来をつくろう～

チーム名 チームやつきた

人類が移住した宇宙都市「エイト・ノース」を作成！

宇宙太陽光発電と核融合発電で、クリーンなエネルギーを実現！

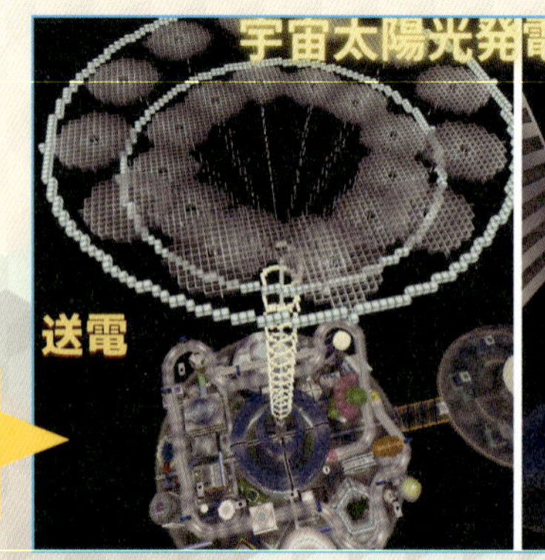

マイ うんちく チームやつきた「アドオンでタービンを回すことにも成功しました」

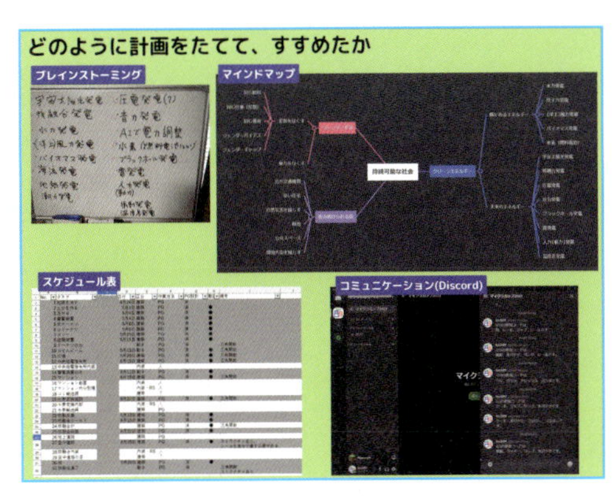

マインドマップでアイデア収集

「ブレインストーミング」という手法でたくさんのアイデアを出し合い、その結果を「マインドマップ」でまとめました。

チャットツールのDiscordを使い、みんなで作業を進めました。

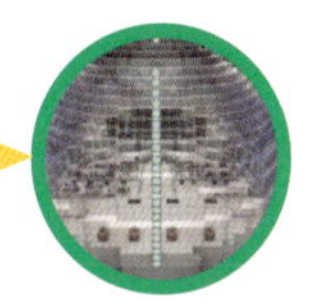

クリーンエネルギーを調査！

クリーンエネルギーについて調べ、宇宙太陽光発電はエネルギー効率が高いこと、核融合発電では燃料に水素を使うことを知りました。

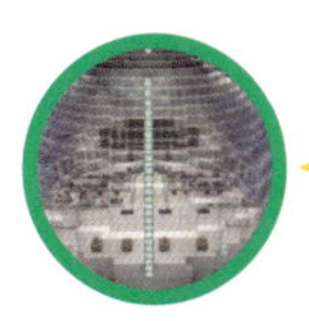

どのような町にするか考えるために、画像生成AIも利用しました。

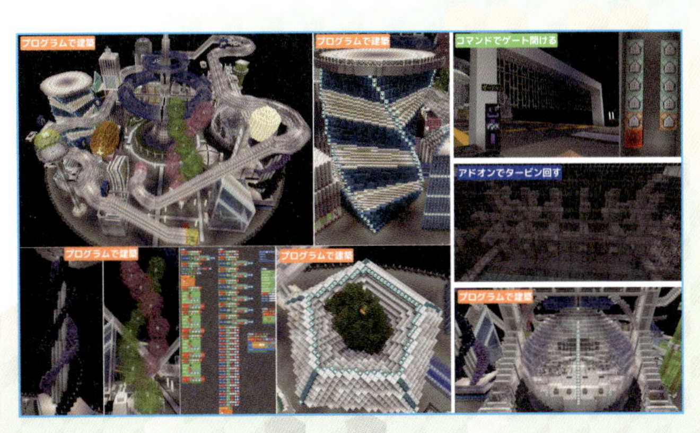

プログラムで建築にチャレンジ！

プログラミング教室の仲間なので、プログラムを作成し、すべての地面を消したり、巨大な島や複雑な形の建築物をつくったりしました。

最終的に、プログラムの本数は30本以上にもなりました！

マイ うんちく チームやつきた「数学の理論を教えてもらいながらプログラムしました」

ミッション 4

受賞作ができるまで

③ UtoPIA広報部のみなさん

本格的なまちづくりのために、大学の講座を受講したUtoPIA広報部のみなさんの作品づくりを見てみよう！

第5回全国大会・ヤング部門 **最優秀賞**

作品名　源流創成都市 〜源創京〜

チーム名　UtoPIA 広報部

テーマは「技術の安全運用による環境の復興、保全と持続可能な社会の実現」。

綿密なコミュニケーションから生まれた「メインビル 〜創青の柱心〜」！

マイ うんちく　UtoPIA 広報部「Discordを活用し、役割分担などの話し合いの場を増やしました」

動画のために絵コンテも作成

締め切りから逆算して計画を立てました。また、動画作成のときには、メンバーで話し合って絵コンテを作成しました。

最初に大まかに計画をしたあとで、細かい計画を立てました。

大学の公開講座を受講！

山梨大学の公開講座を受講し、持続可能な社会をつくるための、エネルギー問題におけるナノ科学の技術について学びました。

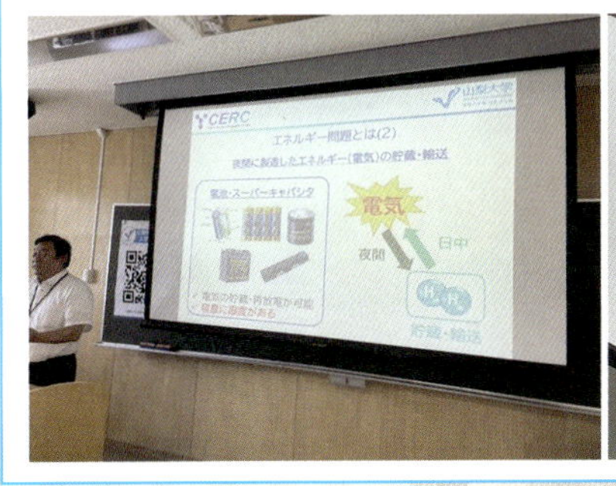

ここで学んだことは、作品内の水素ステーションに活かしています。

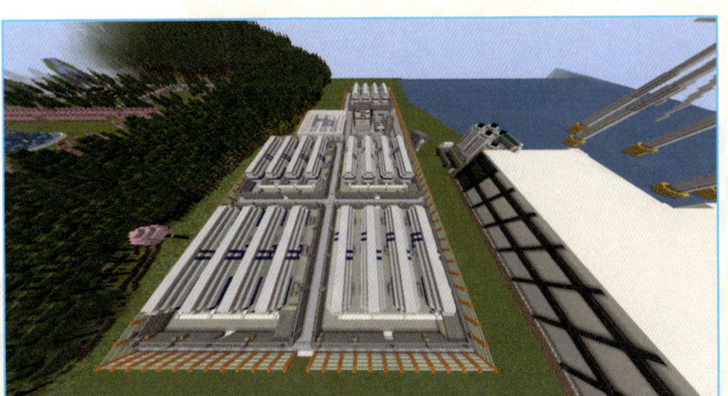

燃料電池の技術を表現！

山梨大学の公開講座を参考に、水素ステーションを建設しました。燃料電池の技術を表現し、発電でのロスをなくしました。

作品内での発電方法は、環境にやさしい風力・地熱・プラズマです。

スペシャル特典

オリジナル MakeCode プレゼント！

Minecraftの世界で、パズル感覚でプログラミングができるMakeCode。
そのオリジナルプログラムを、読者のみなさんにプレゼント！

MakeCodeのくわしい説明は、
右のQRコードから
動画をチェック！

今回は道路と
ミニゲームが
つくれるよ！

プログラムデータのダウンロードURL

ポプラ社のホームページから、この本『今日からはじめる！マインクラフトたてもの・まちづくりBOOK』の書籍紹介ページにダウンロードする入口があるよ。ダウンロードしたファイルは、ここにあるパスワードを入力して解凍したうえで使ってね！

パスワード　poplar0107

https://www.poplar.co.jp/book/search/result/archive/2900547.html

ここからデータをダウンロードして、自分の PC に保存しよう。

おわりに

最後までお読みいただき、ありがとうございます。３タイプのまちづくりから、建築技術を学べましたか？本書で学んだことを活かし、ぜひ多くのまちをつくってみてください。みなさんがこれからどんなまちをつくるのか、そしてMinecraftカップにどのような作品でチャレンジするのかを楽しみにしています！

Minecraftカップスタッフから、みなさんへ

西 昭太朗

合同会社マチトワ　共同代表
Minecraftカップ運営委員会
インターフェースデザイナー
東京都立大学リサーチアシスタント

「「また行ってみたいと思うまち」、「住んでみたいまち」には秘密が隠されています。歴史を感じる風景、楽しいお店や公園がたくさんある、木陰が気持ち良い、その街のデザイやしくみなど。実際にまちを歩くことで、その秘密に気づくことができます。建物だけではなく、道やしくみにも注目して、気づいた秘密をマイクラのワールドでつくってみるとかっこいいまちづくりができるはずです！」

三國 陸真

NPO法人キンダーフォーラム
理事長
Minecraftカップ運営委員会
コンテンツクリエイター
早稲田大学創造理工学研究科博士学生

「まずはつくりたいまちのテーマを友達やお父さん・お母さんと考えてみましょう。テーマが決まったらそのまちを実現するために必要なものを調査してリストアップに挑戦！まちの設計図を描くのもおすすめです！そうしたらいよいよマイクラでの作業を開始！もちろんつくる中で一部のエリアや建物が大きくなりすぎないよう、地面や空中から確認することを忘れずに！これでテーマや規模感に統一感があるまちの完成です！」

楽しく読んでくれたかな？ 建てたくなったかな？ なったよね！ もうみんなマイクラ建築士！ ワールドで待ってるぞ！

今日からはじめる！マインクラフトたてもの・まちづくりBOOK
～目指せ！Minecraftカップ～

2025年1月　第1刷
2025年7月　第5刷

文・構成：菅原嘉子
監　　修：タツナミシュウイチ
協　　力：Minecraftカップ運営委員会
制作協力：Japan Crafters Union

発 行 者：加藤裕樹
編　　集：宮尾るり
発 行 所：株式会社ポプラ社
〒141-8210
東京都品川区西五反田3－5－8　JR目黒MARCビル12階
ホームページ　www.poplar.co.jp

印　　刷：中央精版印刷株式会社
デザイン：FROGKINGSTUDIO
D　T　P：株式会社アド・クレール

ISBN 978-4-591-18395-3 119P　20 × 20cm　Printed in Japan

P2900547